PROMENADES
DANS LES CHAMPS

OU VISITES

A LA FERME ET A L'EXPLOITATION

de M. DUMONT.

Par M. P. FRANCQ.

Lille, imp. Blocquel-Castiaux.

Extrait des Archives du Comice agricole
de l'arrondissement de Lille.

RAPPORT

SUR LES OUVRAGES D'AGRICULTURE

susceptibles d'être mis entre les mains

des enfants des écoles.

Messieurs,

La Commission (1) désignée par vous pour examiner les ouvrages d'agriculture susceptibles d'être mis entre les mains des enfants des écoles a reçu trois de ces ouvrages.

Le premier qui lui est tombé sous la main a pour titre : PROJET DE MANUEL AGRICOLE.

Il contient peut-être de fort bons documents, mais aucun des membres de la Commission n'a pu en achever la lecture. La Commission l'a donc élagué, par la raison que la première condition à remplir pour parler aux enfants, voire même aux adultes, c'est d'être clair et précis, ce dont l'auteur ne se doute pas.

Le second ouvrage examiné a pour titre : VISITE A LA FERME DE M. DUMONT.

L'auteur semble être un instituteur. Il connaît bien la langue qu'il faut pour parler aux enfants, et de plus, il est au courant des travaux des champs et du jardin qu'il sait décrire convenablement.

---

(1) MM. Girardin, Heddebault, Des Rotours, père, Meurein et Et. Demesmay, rapporteur.

Il n'y a que ses explications théoriques qui soient un peu faibles, parce qu'il manque de connaissances scientifiques ; mais moyennant quelques suppressions ou corrections, son ouvrage pourrait être mis utilement entre les mains des enfants.

Le CADRE DES ÉTUDES AGRICOLES est dû à une plume plus exercée. Il donne les principes généraux qui devraient être développés par l'instituteur, puis passe en revue les plantes cultivées autour de nous ; il fait naître des idées justes et fécondes chez le lecteur qui sait réfléchir ; néanmoins votre commission a jugé le deuxième ouvrage mieux fait pour les enfants auxquels il faut un peu *mâcher* les morceaux, et qui lisent plus volontiers des *historiettes* qu'un travail didactique.

Elle vous propose donc d'accorder :

1.º Une médaille d'or, à l'auteur de : UNE VISITE A LA FERME DE M. DUMONT.

2.º Une médaille d'argent à l'auteur du CADRE DES ÉTUDES AGRICOLES.

De plus elle vous propose d'insérer dans vos archives, UNE VISITE A LA FERME DE M. DUMONT, pourvu que l'auteur consente à des corrections en ce qui concerne la partie scientifique, et de lui en offrir cent exemplaires, en l'autorisant à en faire tirer pour lui tel nombre qu'il jugera bon, aux conditions admises entre l'imprimeur et notre Société.

Le Comice, adoptant à l'unanimité les conclusions de ce rapport, les plis cachetés renfermant les noms des Lauréats sont ouverts et font connaître que le travail intitulé : VISITE A LA FERME DE M. DUMONT est dû à la plume de M. P. FRANCQ, instituteur communal à Mardyck, arrondissement de Dunkerque ;

Et que l'auteur du mémoire intitulé : CADRE DES ÉTUDES AGRICOLES, est M. BERRUET, instituteur communal, à Houplin, arrondissement de Lille.

APPROBATION DE M. L'INSPECTEUR D'ACADÉMIE.

J'ai lu avec un très-vif intérêt l'ouvrage de Monsieur Francq P., Instituteur à Mardyck. Je l'ai trouvé à tous égards digne de la haute récompense que lui a décernée le Comice agricole de l'arrondissement de Lille, et je le verrai avec plaisir donné en prix, ou introduit dans nos bibliothèques scolaires.

Lille, le 24 Juin 1865,

L'INSPECTEUR D'ACADÉMIE,

CROSSON.

ERRATA.

Page	Ligne	
14	31	Au lieu de privilège lisez *privilége*.
16	1	*Quel* au lieu de Quels.
22	5 et 28	*Prés* au lieu de près.
23	31	*Ne les* (cendres) au lieu de Ne le.
32	15	*Fond* au lieu de font.
43	9	*Rémunère* au lieu de rénumère.
46	23	*Mourir* au lieu de mourrir.
75	12	27 *à* 32 *centimètres* au lieu de 10 à 12 pouces.
75	13	40 *à* 48 *centimètres* au lieu de 15 à 18 pouces.
106	17	*S'empressa* au lieu de s'empresse.
108	2	. après croissance.
108	24	*Troisième* au lieu de troizième.
112 et 113		PARMENTIER, né en 1737 et mort en 1816, n'importa pas la pomme de terre en France, mais il en propagea la culture et contribua puissamment à son emploi dans l'alimentation des hommes.
119	22	. après bêtes.
133	18	*Dessiccation* au lieu de dessication.
150		Titre de chapitre. *Maladies* au lieu de maladie.
153	10	*Fort* au lieu de forts.
157	10	*Leur* au lieu de leurs.
164	27	*Formé* au lieu de formée.
170	12	*Et je ne crois* au lieu de et que je ne crois.
170	14	*Entretenu* au lieu de entretenus.
179	9	*Variétés* au lieu de varitétés.
192	24	*Plant* au lieu de plants.
193	1	*Creusés* au lieu de creusée.
208	12	*Cognassier* au lieu de coignassier.
211	15	10 *à* 13 *centimètres* au lieu de 4 à 5 pouces.
211	29	*Cognassier* au lieu de coignassier.

PROMENADES

DANS LES CHAMPS

ou

VISITES A LA FERME ET A L'EXPLOITATION

de M. DUMONT.

MÉMOIRE COURONNÉ

par le Comice agricole

DE LILLE

CONCOURS DE 1864

par P. FRANCQ Instituteur communal.

> Ce n'est pas le talent, ce n'est pas le génie,
> Ce n'est pas la grandeur qui manque à la patrie,
> C'est l'humble dévoûment sans l'espoir d'un laurier,
> C'est le culte du sol, c'est l'amour du foyer,
> C'est la mâle vertu qui, de son sort contente,
> Du sillon dédaigné n'enlève pas sa tente,
> Et dans la paix du cœur, sans chercher d'autres cieux,
> S'attache au souvenir comme aux champs des aïeux.
>
> A. DE ROUVAIRE (L'INSTITUTEUR).

MOIS DE FÉVRIER

Première promenade chez M. Dumont

CHAPITRE PREMIER.

LE VILLAGE DE RÉMIGNY. — L'OUVRIER DES CHAMPS EST PLUS HEUREUX QUE L'OUVRIER DES VILLES.

Le petit village de Rémigny était, il y a trente ans à peine, un lieu inconnu où le voyageur ne se hasardait jamais à passer, quoi que ce fût le plus court chemin pour aller de Boissy à Vigneux, deux villes distantes l'une de l'autre de douze kilomètres.

Quel était donc le préjugé qui faisait fuir cette aglomération de dix à quinze habitations comme on fuit la peste ?...

C'est qu'alors Rémigny n'était pas le joli village que nous connaissons aujourd'hui. Il n'avait pas cette magnifique route départementale, ces belles fabriques et ces riches fermes. Rémigny était un marais et ses habitants pour la plupart si intelligents et si heureux aujourd'hui étaient de pauvres crétins.

Celui qui verrait cette charmante contrée, celui qui y serait passé au moment où commence ce récit ne pourrait croire ce qu'on lui en raconterait. Il ne pourrait croire que ces beaux gros paysans, tout rouges de santé, forts et robustes comme des taureaux, sont les enfants de cette race dégénérée qui végétait sur ce sol malheureux. Il ne pourrait croire que ces terres couvertes chaque année de magnifiques moissons, ces luxuriants potagers n'étaient, naguère, qu'un amas d'eau.

Ah! quel grand changement s'écrierait-il et quelle chose extraordinaire!... Mais comment tout cela s'est-il-fait?... Est-ce Dieu lui-même qui a passé ici?... Non! non! répondront les habitants, c'est M. Dumont, le propriétaire de la belle ferme que vous apercevez là-haut, c'est lui qui a fait tout ce que vous voyez! Il est notre bon ange; nous le vénérons comme un père à qui nous devrons, avec la vie du corps, celle de l'intelligence, la plus précieuse puisqu'elle nous conduit à Dieu.....

Rémigny est donc maintenant dans un état prospère. Il a pourtant beaucoup à faire encore pour arriver à la perfection. L'agriculture a fait un grand pas, c'est vrai! Mais celui qui reste à faire est plus grand encore. Les vieux préjugés, la routine ne sont pas si bien détruits qu'ils ne reprennent quelquefois racine.

Heureusement, il y a trois infatigables piocheurs à Rémigny, M. le Curé porte dans tous les cœurs la vraie lumière et extirpe la superstition. Dans un autre ordre d'idées, M. Dumont et M. Durand, le vieil instituteur du village travaillent aussi au bien-être général.

Pour en finir d'un seul coup de cette hydre à cent têtes, ils résolurent un jour d'entreprendre l'éducation agricole des enfants du village, de ceux du moins qui par leur âge seraient capables d'en retirer quelque fruit, M. Durand en avait fait la proposition à M. Dumont qui l'avait acceptée de grand cœur.

Ce jour là, le voyageur qui aurait passé à Rémigny, eût vu une longue file de jeunes gens se diriger vers la

Prom.

ferme ; car c'était jeudi et l'on avait pris cette belle journée pour commencer les leçons.

L'instituteur y avait préparé ses élèves avant le départ. Il les avait rassemblés dans la grande salle de l'école et leur avait dit :

« Mes chers amis, vous êtes tous destinés à devenir un jour des cultivateurs ou des ouvriers des champs, à ce titre, vous avez besoin dès à présent d'acquérir des connaissances dans la noble science de l'agriculture. J'ai pensé vous être agréable en demandant à M. Dumont l'autorisation de visiter sa ferme et ses champs lorsque le beau temps nous permettrait de sortir. M. Dumont m'a non-seulement accordé l'autorisation que je lui demandais, mais il a encore ajouté qu'il se ferait un véritable plaisir de vous donner lui-même des leçons de culture.

» J'ai remercié pour vous cet estimable vieillard de son extrême obligeance, en lui promettant que vous vous efforceriez de mériter par votre attention, le sacrifice qu'il vous fera d'un temps qui lui est si précieux.

» Vous connaissez tous M. Dumont, mes amis, depuis assez longtemps il habite ce pays dont il est le bienfaiteur. Vous savez que c'est un homme d'une expérience consommée en agriculture. Son grand âge et ses travaux assidus dans une exploitation considérable ont dû lui donner une connaissance approfondie de la terre et des plantes, aussi sa ferme est-elle le modèle non-seulement de toutes celles du pays mais encore de celles des contrées voisines.

» Ecoutez-le avec attention, gravez-vous ses conseils dans la mémoire ; les conseils d'un homme sage sont toujours précieux, ils le seront d'autant plus pour vous que bientôt vous serez appelés à les mettre en pratique.

» J'ai été aussi heureux que vous, croyez-le bien, de l'obligeance de M. Dumont. Surcroît de connaissances ne nuit pas, on n'est jamais trop instruit. Je vais écouter avec intérêt les leçons qu'il vous donnera et je vous engage fortement à faire comme moi.

» Le temps est beau aujourd'hui quoique un peu froid, mais vous vous couvrirez bien et la marche aidant vous aurez bientôt vaincu cette impression désagréable.

» Du reste, vous le savez, un froid sec ne peut faire que du bien à la santé, et après les chaleurs de l'été et les mauvaises émanations qui en sont la conséquence, Dieu a bien fait de nous envoyer l'hiver pour purifier l'air, reposer la terre et détruire les insectes nuisibles.

» Mettons-nous donc en route et dirigeons-nous vers LA FERME.

» On nous attend déjà, j'en suis sûr, nous sommes un peu en retard, une autre fois nous prendrons nos précautions pour arriver à l'heure fixée.

» Voyez-vous, voilà M. Dumont qui vient à notre rencontre. »

En effet, M. Dumont approchait.

D'aussi loin qu'il aperçut ses nouveaux élèves il les salua de la main. Il les connaissait déjà tous ; car ils en avaient parlé souvent, l'instituteur et lui, dans leurs tête-à-tête, et il avait hâte de voir de près ces enfants dont on lui avait dit tant de bien, et qu'il allait travailler à rendre de bons et honnêtes cultivateurs, d'intelligents et courageux ouvriers des champs.

L'instituteur et ses élèves saluèrent M. Dumont dès qu'il fût à portée de les entendre, et M. Dumont s'étant approché leur rendît leur salut avec cette politesse exquise qui le faisait aimer au village et qui avait le pouvoir d'adoucir la rudesse un peu âpre des habitants du pays. Ils commençaient à sentir qu'il vaut mieux être doux et poli que malhonnête et brutal.

L'INSTITUTEUR. — Monsieur, je vous amène mes élèves, ils ont le plus grand désir de vous entendre. J'ai choisi cette belle journée pour visiter votre ferme et profiter de l'offre gracieuse que vous m'avez faite il y a quelques jours.

« M. DUMONT. — Je suis charmé de votre visite, mes amis, soyez les bien-venus. Je suis heureux d'apprendre que vous avez manifesté quelque plaisir à venir à LA FERME Je suis heureux surtout de voir que vos parents ont compris la valeur du bienfait que je vais vous rendre en vous instruisant, cela me prouve qu'ils ont pris goût aux travaux agricoles, et qu'ils l'ont communiqué à leurs enfants.

« Malheureusement ce goût tend à se perdre dans nos campagnes. C'est un malheur irréparable.

« Le but de toute ma vie a été de régénérer nos campagnes; c'est pour cela que moi, qui pouvais vivre heureux et tranquille ailleurs, suis venu m'établir au village et m'imposer une tâche parfois accablante. Je ne regrette point ce que j'ai fait; car mon exemple a produit quelque bien dans ce pays jadis si malheureux.

« Je fus frappé comme tant d'autres de l'émigration des campagnes vers la ville et j'ai voulu user de ma faible influence pour la faire cesser, du moins dans ce canton. D'autres agronomes distingués travaillent comme moi, au même but, et chacun dans sa sphère fait ce qu'il peut pour arrêter le courant.

« L'homme des champs a besoin de lumières, sans cela il ne peut discerner ce qui lui est bon de ce qui lui est funeste. Il se laisse entraîner par des apparences trompeuses ; il quitte son clocher, et va en aveugle s'ensevelir dans la misère dorée des villes.

« Oui! souvent il est aveugle! s'il ne l'était pas, il verrait que le bonheur n'est pas dans ces cités où tout brille de l'éclat de l'or; il verrait qu'il n'est pas sous l'habit noir de ce chétif ouvrier.

« Qu'il regarde au fond; il verra ce que recouvre cet or qui lui semble si enviable. Qu'il regarde sous cet habit noir ; une chemise en lambeaux à travers laquelle il distinguera un corps tout décharné !

« Oui, mes amis, l'ouvrier des villes est bien malheureux; Les privations, le besoin, les vices de toutes sortes, le minent et le tuent.

« Nos robustes villageois ne voient point cela et cependant ils devraient en être frappés dès l'abord. Ils quittent le toit paternel, ils jettent loin d'eux cette bêche, cette charrue qu'ils maniaient si bien, ils disent adieu aux sains travaux, aux doux plaisirs, à la joie de la famille, à l'indépendance du villageois. Ils quittent tout cela, et pourquoi?.. Pour avoir aussi à leur tour un bel habit; pour échanger contre leurs bons gros souliers ferrés, des souliers plus fins ; pour s'entendre appeler Monsieur Pierre et pour jouir des plaisirs que la ville offre à chaque instant. Et lorsqu'ils auront tout cela en seront-ils plus heureux?... Garderont-ils cette foi vive, cette saine morale qu'ils ont puisées avec le lait de leur mère?... Seront-ils toujours sages, toujours vertueux comme leur père le leur a recommandé en les laissant partir et en les bénissant?... Non! ne le croyez pas ! Pour un qui échappe a tous les écueils, mille autres tombent dans le précipice. Et cela se comprend : ils sont là seuls, sans conseil, inconnus au milieu d'un grand nombre de jeunes gens qui les conduiront par les sentiers fleuris du vice. Ils succomberont, ils se laisseront entraîner! Leur salaire qui devait suffire à leur entretien, à leurs besoins, ils le dissiperont dans de folles orgies; et ces beaux habits qu'ils avaient tant de hâte d'acheter, ils disparaîtront un jour pour faire place aux haillons de la misère. Le besoin creusera leurs joues, affaiblira leurs bras vigoureux. Ces vives couleurs, indices d'une santé robuste, disparaîtront pour faire place à une paleur maladive. Ils ne seront plus eux-mêmes, et au lieu de se roidir contre le malheur, la force, le courage, le conseil leur manqueront et ils s'enfonceront de plus en plus dans la débauche.

» Alors ils regretteront leur village, ils pleureront; mais il sera trop tard pour revenir. La honte, le regret, des habitudes nouvelles dont ils ne pourront se défaire, les retiendront. Ils resteront là malgré eux, malgré leur désir de revoir leur pays natal. Ils n'oseront point revenir, eux qui étaient si fiers en partant, eux qui promettaient de faire fortune là-bas, eux qui, il y a un an, deux ans à peine, sont venus étaler aux yeux de leurs camarades émerveillés leur superbe plumage et qui n'ont aujourd'hui qu'une chétive blouse pour couvrir leurs membres maigris. Ils n'oseront pas!...

Ne croyez pas, mes amis, que je vous fasse un tableau trop sombre de l'ouvrier de la ville. Je ne veux pas entrer très-profondément dans le détail de certaines misères, cela vous attristerait, car c'est un navrant spectacle pour un cœur compatissant que la vue de tant de malheurs. Je ne vous montre que la surface des choses; ce que tout le monde voit et touche du doigt dans les grandes villes, et c'est déjà bien assez triste.

» Est-ce à dire qu'il n'y ait pas d'honnêtes et laborieux artisans dans les grandes villes! Oh! loin de moi cette pensée! Ce serait faire injure à notre belle France, à cette mère chérie dont l'histoire glorieuse fait tressaillir le cœur de ses enfants, en leur montrant à chaque ligne un exemple de courage, de dévouement, de vertu, d'abnégation donné par la classe ouvrière.

» Je veux parler ici de cette population interlope, hétérogène, qui, par toutes les portes, entre chaque année dans les villes. Cette population mixte et inconnue qui abuse de cette espèce de privilège pour se livrer sans frein à l'emportement de ses passions, qui ne prend pas la peine de cacher ses défauts, qui les étale même avec une certaine complaisance, parce qu'elle n'est plus sous l'œil de ses proches ; comme si l'œil de Dieu n'était pas grand ouvert sur elle. C'est de cette population-là que je veux parler, et en général elle ne fait pas honneur au corps respectable des travailleurs.....

» Ne regardez jamais au-dessus de vous, mes amis, que pour faire le bien ou pour suivre de bons exemples. Ne portez envie à personne ; regardez à vos pieds et estimez-vous heureux de ce que Dieu ne vous a pas fait naître dans une condition plus misérable. De cette manière vous serez toujours contents de votre sort et vous ne serez pas tentés de le changer contre un autre qui vous paraît meilleur et qui souvent est pire.

» Vous connaissez tous Pierre Grimblot qui a quitté le pays depuis deux ans. Lorsqu'il est revenu l'an dernier voir son ami Jacques, il avait sur le dos un beau paletot que Jacques enviait beaucoup. Mais je lui ai dit : « Jacques, tu as sous ta blouse une bonne chemise de toile blanche et un cœur droit que Pierre n'a peut-être plus. Pierre a des souliers fins et tu n'as que des sabots, mais Pierre n'a pas comme toi aux pieds une bonne paire de bas bien chauds pour se garantir du froid. Pierre a beaucoup de distractions à la ville et peu de travail. Ne l'envie pas, car tu as ici des plaisirs purs, et de plus la santé et le courage. Pierre gagne beaucoup d'argent, t'a-t-il dit, et tu en gagnes peu ; mais Pierre t'a-t-il jamais dit qu'il eût des économies? Non ! au contraire, et toi tu en as ; peu, c'est possible, mais enfin tu en as. Tu es jeune encore, continue à être économe, et tu t'amasseras un peu d'argent, avec lequel tu t'achèteras une petite terre pour ta vieillesse.

» Pierre, tu l'as remarqué, n'a point de santé ; il est maladif. Cela n'est pas étonnant, Pierre est mal logé dans une ruelle étroite, obscure, malsaine, où ni l'air, ni la lumière, ni le soleil ne pénètrent jamais. Toi, tu as le ciel tout entier, les champs et les fleurs pour respirer.

Quel sort préfères-tu?... Celui de Pierre ou le tien?...

Quels cas fait-on de Pierre à la ville? Personne, pas même son patron ne s'en occupe. Il croit faire beaucoup d'effet avec son habit noir; il passe inaperçu et n'émerveille que lui-même. Toi, au contraire, tu es aimé, estimé parce que tu travailles et que tu te conduis bien. Le premier des cultivateurs n'est pas déshonoré de ta poignée de main, et l'on te parle tout comme à un autre.

» Pierre travaille dans de mauvaises conditions. Son travail le consume. Tu travailles et tu deviens plus fort.

» Si Pierre tombe malade, il aura recours à l'hôpital. Il y sera bien soigné par de bonnes Sœurs. Mais est-ce le toit paternel?... Sont-ce les soins d'une mère, d'une sœur, d'un ami qu'il recevra là?.. Est-ce l'air du pays qu'il y respirera, ce remède si efficace dans tous les maux?

» Tu peux tomber malade aussi, Dieu tient dans ses mains la santé du fort comme celle du faible. Mais à la ferme, ou chez tes parents, tu seras bien soigné, et lorsque tu seras guéri tu reprendras ton travail et l'on ne te retiendra pas ton salaire.

» Pierre retrouvera-t-il comme toi de l'ouvrage en sortant de l'hôpital, et en attendant que fera-t-il sans ressources?...

» Voilà ce que je disais à Jacques, mes amis, il m'a parfaitement compris, et je vous assure qu'il n'a plus la moindre envie de changer sa position.

» Ce ne sont pas seulement les ouvriers qui quittent les champs pour la ville; nos bons fermiers y envoient aussi leurs enfants. Si c'était pour y compléter leurs études et y acquérir des connaissances utiles aux cultivateurs, il n'y aurait pas de mal à cela, au contraire. Mais on ne veut pas en faire des cultivateurs, on veut qu'ils deviennent des messieurs. On les met en ville non pour leur apprendre à cultiver la terre, mais à la dédaigner et à rougir de l'état de leur père. On veut que les enfants soient avocats, médecins, officiers, ingénieurs, que sais-je! Tout cela est fort beau, sans doute lorsque l'on réussit et qu'on se sent appelé à ces destinées, mais il s'en faut qu'on arrive toujours à ces résultats. Le père veut faire de son fils un savant, et le fils, ô désillusion, arrivé à l'âge de vingt-cinq ans, retourne à ces champs qu'il n'aurait jamais dû quitter.

» Beaucoup d'argent dépensé, un peu de science de plus, une ample provision d'orgueil et d'ambition : voilà où ont abouti les grandes espérances que l'on avait conçues. Heureux encore si tout finissait ainsi, le mal aurait son remède. Combien n'y en a-t-il pas que le séjour des villes a perdus à jamais, et qui au lieu de la gloire ne rapportent à leurs parents que le déshonneur et la honte.

» J'ai deux fils, tous deux ils seront cultivateurs. Ils ont quitté pendant six ans l'école du village, mais c'était pour s'instruire dans les sciences qui ont rapport à la profession qu'ils vont embrasser. Ils termineront avec moi leur éducation, et lorsque je fermerai les yeux, j'aurai la consolation d'avoir à mes côtés deux enfants bien-aimés, et celle non moins grande de savoir que ces champs, ces terres, que j'ai formés à la sueur de mon front, ne sortiront pas de ma famille pour passer en des mains étrangères. »

CHAPITRE II.

DES ENGRAIS.

» Pardonnez-moi, M. l'instituteur, cette longue digression. Je crois qu'elle n'était pas inopportune. Il est bon que ces jeunes gens soient parfaitement éclairés sur toutes ces choses. Ils ne savent pas assez apprécier le bonheur et le calme dont jouit l'homme des champs. Ils ne voient que le côté brillant de la vie des grandes villes sans regarder plus loin et ces brillantes apparences les subjuguent, les attirent. L'attrait du plaisir est si grand qu'ils partent sans hésiter et vont augmenter le nombre de ces jeunes gens, que le doigt de Dieu semble avoir abandonnés, et qui ont fait de la débauche une des nécessités de leur vie. On ne peut donc trop faire pour les détourner. Puissent les avis que je viens de leur donner, les fixer à jamais au village! C'est là qu'est le bonheur et l'aisance sinon la fortune....

» Je vais vous conduire maintenant, mes amis, jusqu'à ce champ que mes ouvriers sont occupés à marner. J'ai quelques ordres à donner de ce côté et nous pourrons en même temps étudier sur place l'un des engrais les plus répandus aujourd'hui....

» Voici ce que l'on appelle la marne. Prenez-en un morceau dans la main. C'est une pierre d'un blanc jaunâtre provenant d'un mélange de calcaire et d'argile.

UN ÉLÈVE. — Veuillez avoir la bonté de nous dire, monsieur, ce que c'est que le calcaire et l'argile?

M. DUMONT. — Volontiers, mon enfant. Le calcaire est une pierre composée de chaux et d'un acide nommé acide carbonique. L'acide est une substance aigre et brûlante comme le vinaigre, par exemple, qui a la propriété de se lier intimement avec d'autres substances pour former des corps nouveaux qu'on appelle sels. Tel est le calcaire.

» L'argile est une terre compacte, jaunâtre, qui se cultive difficilement et qui ne laisse point passer l'eau.

» Il y a beaucoup de substances qui semblent être de la marne et qui pourtant n'en sont pas. On doit donc les analyser avant de s'en servir, car on pourrait, en se trompant, obtenir un effet contraire à celui que l'on cherchait. Je vais faire l'expérience devant vos yeux.

» Prenez un peu d'eau dans ce verre, mettez un morceau de marne bien sec de manière que l'eau le recouvre aux deux tiers. Vous le voyez, elle se délite, se divise, se fond pour ainsi dire. Il y a fort à parier que c'est de la marne. Pour nous en assurer d'une manière positive, nous allons nous servir d'un autre moyen. Jetez cette eau, nettoyez le verre; remettez-y un morceau de marne.... Voici dans ma boîte aux réactifs un acide que les savants appellent acide azotique et que nous appelons, nous, eau forte. J'en verse un peu sur la marne, voyez comme elle bout, comme elle écume. Cette fois plus de doute, nous avons à faire à de la marne.

» Ainsi donc, chaque fois que vous trouverez dans les champs une pierre d'un blanc jaunâtre qui bouillonnera dans un acide et qui se délitera dans l'eau, vous serez sûrs que cette pierre est de la marne.

» Quelques agronomes prétendent que la marne est un amendement, d'autres disent que c'est un engrais, moi je suis de l'avis de l'un et de l'autre, et voici pourquoi. Par l'argile qu'elle contient, la marne favorise la liaison des terres légères dans lesquelles elle est répandue; elle agit bien alors comme amendement. Tandis que par les sels qui s'incorporent à la terre, elle donne aux plantes une nourriture dont toutes sont avides, car toutes en ont besoin pour se développer. Elle agit alors comme engrais.

» Il y a des cultivateurs qui préfèrent la chaux à la marne. Ils n'ont pas tort, la chaux est plus énergique. Ceux qui auront à choisir pour l'achat de l'une ou de l'autre de ces substances n'hésiteront pas à se prononcer en faveur de la chaux. Mais pour celui qui aura la marne dans son propre champ, ce serait sottise de ne pas s'en servir. Aussi bon marché que soit la chaux, elle coûtera toujours plus cher que la marne que l'on n'a qu'à extraire et à étendre sur sa terre.

Un proverbe dit :

> « Le marnage et le chaulage enrichissent le père et ruinent les enfants. »

» Il est souvent vrai, parce que ceux qui se servent de cet engrais, se croient dispensés de fumer leur terre. La marne et la chaux sont excellentes, elles conviennent aux plantes tout comme le pain convient à l'homme ; mais de même que l'homme, nourri exclusivement de pain, finirait par s'affaiblir et par tomber malade, de même la terre nourrie exclusivement de chaux et de marne perdrait peu à peu sa puissance productrice et deviendrait stérile.

» Dans ma culture, je fais toujours mettre après un marnage une demi-fumure jusqu'à la troisième année époque à laquelle je reprends mes fumures complètes.

» De cette manière loin de ruiner mes enfants, je leur laisserai des terres dont ils retireront les plus magnifiques récoltes.

» La marne qui sort de la terre a besoin de subir l'action bienfaisante de l'air, de la lumière et de la chaleur, car sans cela elle serait improductive. Il faut donc avoir soin de laisser celle que l'on extrait se déliter pendant quelque temps, afin qu'elle soit bien divisée, et qu'elle puisse s'étendre comme une poussière que l'on enfouit ensuite par un léger labour.

» A l'opposé de beaucoup de cultivateurs d'ici qui mettent cinq, six, huit cents hectolitres de marne par hectare, je me contente de trois à quatre cents en donnant l'année suivante une demi-fumure. Par ce moyen je n'épuise pas ma terre et je puis recommencer à la marner au bout de six à sept ans.

» Le marnage et le chaulage sont le verre de vin au voyageur fatigué qui le stimule et lui rend une nouvelle ardeur pour continuer sa route.

» Je vous ai dit que quelques cultivateurs préfèrent la chaux. Allons là-haut, au champ de Cormont, qui est un des fermiers les plus intelligents du pays, vous en verrez étendre.

» Regardez la terre, on voit encore par-ci par-là quelques morceaux de chaux, mais bien petits parce que Cormont a eu soin de la mettre en petits tas comme je l'ai fait pour ma marne, avant l'hiver et que la pluie et les gelées l'ont délitée et réduite en poussière. Du reste la chaux étant très-caustique il est bon de la laisser éteindre avant de l'enfouir. Sans cette précaution elle brûlerait les graines qui seraient confiées à la terre.

» Comme après le marnage, il est nécessaire de fumer le champ. La chaux ne donne aux plantes qu'un seul principe le carbonate de chaux. Aussi bon que soit ce principe, il ne peut, comme je vous le disais tout-à-l'heure, suffire aux plantes; il leur faut d'autres aliments pour qu'elles végètent avec vigueur, et ce ne sera que par le moyen d'une fumure qu'on leur donnera une nourriture variée et complète.

» Cormont à mis environ cent hectolitres par hectare : c'est, à mon avis, une quantité plus que suffisante. Si j'avais eu à lui donner un conseil, je lui aurais dit de diminuer la dose et de recommencer dans quatre ou cinq ans, au lieu d'être forcé de ne le faire que dans huit ou neuf.

» Retournons à la ferme, je vous ferai voir d'autres engrais que j'ai soin de former pendant l'hiver et que je mets en réserve pour les beaux jours et au moment des besoins.

» La chaux de même que la marne agit comme amendement. Dans les terrains acides, aigres, brûlants et humides, par exemple, les anciens prés ou les marécages, elle produit des effets merveilleux. Elle attire comme le ferait une éponge toute l'humidité, toute l'acidité de la terre, les condense en elle et les détruit.

Dans les terrains où il y a peu de marne et de chaux, il n'est pas bon d'enfouir les cultures en vert, cela les rendrait trop humides. Mais si l'on a soin en même temps d'enfouir la chaux, celle-ci corrigera cet excès d'humidité et ne laissera à la terre que la partie excellente de l'engrais. On obtiendrait les mêmes effets avec les cendres de bois ou de tourbes.

Nous voilà arrivés... Voyez-vous sous ce hangar quelle quantité de cendres de bois j'ai fait déposer. Elles proviennent en grande partie des foyers et du four de la ferme : les petits ruisseaux font les grandes rivières.

Voici dans ce fournil une assez bonne provision de suie que j'aie recueillie aussi petit-à-petit. Tout cela viendra à point à un moment donné.

La suie est un engrais puissant pour les trèfles; elle a en même temps la propriété de détruire beaucoup d'insectes qui endommagent souvent les récoltes.

J'ai calculé qu'un sac de suie produit plus d'effets que deux sacs de cendres de bois ou de tourbes. Il n'y a qu'une chose qui dérange le cultivateur, c'est que le prix en est assez élevé.

Dans les vieux prés il pousse souvent des mousses, des prêles qui leur font un tort considérable. J'ai fait répandre, il y a deux ans, de la suie sur le pré que vous pouvez voir d'ici, et les prêles et les mousses ont complétement disparu.

La suie étendue sur le jeune froment, le colza, donne les meilleurs résultats.

un élève. — Je désirerais bien savoir, Monsieur, ce que c'est que les prêles. Je connais bien la mousse, mais de prêles je ne crois pas en avoir jamais vu ni entendu parler.

M. Dumont. — Je crois que vous vous trompez, mon ami. Connaissez-vous une plante de deux à trois décimètres de longueur et terminée par une espèce d'épi ayant la forme de queue de rat?

l'élève. — Ah! M. je connais bien ce que nous appelons la queue de rat!

M. Dumont. — Eh! bien! mon ami, ce n'est rien autre chose que la prêle des champs. Je continue :

Les cendres sont un des meilleurs engrais connus. Elles fournissent à la terre quantité de principes très-nutritifs qui se dissolvent au moyen de la pluie.

Toutes les plantes contiennent, en quantité plus ou moins grande, de la potasse, de la soude, de la chaux, de la magnésie, substance blanche très-légère, de la rouille ou oxide de fer, du phosphore et du soufre que vous connaissez, de la silice ou poussière de cailloux, du silex ou pierre à fusil.

Tout engrais qui leur fournira ces substances sera considéré comme très-puissant. Eh! bien les cendres les contiennent toutes; elles les incorporent à la terre qui à son tour en nourrit les plantes.

Les betteraves, les haricots, les lentilles, le maïs, les pois, les pommes de terre, les vesces, les trèfles, les navets, le colza, le froment, l'avoine, sont avides des principes que je viens de vous énumérer. Par conséquent cet engrais appliqué à ces cultures produira toujours de très-bons effets. Malheureusement on ne peut s'en procurer autant qu'on en désirerait.

Une ferme dans le courant d'une année peut cependant en produire une assez bonne quantité. Ne le laissez pas perdre, ayez un endroit où vous puissiez les déposer à l'abri de la pluie et vous n'aurez qu'à vous féliciter de la peine que vous aurez prise pour les recueillir.

Un élève. — Monsieur, je vois là-bas un ouvrier qui travaille à la bêche, veuillez me dire, s'il vous plait, ce qu'il fait ?

M. Dumont. — Mon enfant, cet homme dégage les sillons d'écoulement qui ont été obstrués par le dernier dégel. Je vous dirai plus tard à quoi servent ces sillons.

N'hésitez pas, mes amis, lorsque mes explications ne vous paraîtront pas suffisamment claires, lorsque vous ne comprendrez pas certaines opérations, à me faire une question. Cela me prouvera que vous vous intéressez à ma leçon et que vous avez un sincère désir de vous instruire.

Les cendres de houille sont moins puissantes que celles de bois. Pour leur donner les principes qui leur manquent, j'ai pris l'habitude, chaque fois que l'on fait la lessive à la ferme de faire jeter sur le tas, les eaux provenant du savonnage ainsi que les cendres dont on s'est servi pour passer le linge.

Ces platras proviennent des démolitions de deux vieilles granges et d'une aile de bâtiment à mon usage que j'ai fait renouveler l'an dernier. C'est une terre composée de chaux, de sable, de briques pourries et réduites en poussière. Je les ferai transporter sur des terres argileuses et vous verrez plus tard que j'aurai obtenu de beaux résultats.

Ce tas séparé contenant plus de plâtre sera jeté sur mes trèfles et mes prairies artificielles. Je pourrais aussi en mettre sur des pommes de terre, betteraves, carottes. S'il m'en reste je ne me ferai pas défaut de leur en donner.

Je vais prier, M. Durand, de vous reconduire. Des occupations pressantes m'appellent aux champs. Nous avons du reste assez étudié pour aujourd'hui. Je craindrais de vous fatiguer l'esprit par de nouveaux détails.

Je vous engage à revenir dans le courant de Mars. D'ici là,

tachez de vous nourrir l'intelligence des choses que vous venez de voir et d'entendre, et revenez me voir avec la mémoire meublée d'idées saines et utiles, que vous pourrez puiser dans les livres d'agriculture que depuis quelque temps M. Durand vous a mis entre les mains.

Mes leçons ne fructifieraient point si vous négligiez de les repasser encore dans vos livres ; j'aurais semé dans une terre aride, mes peines seraient perdues, et vous auriez gaspillé un temps que vous auriez mieux fait d'employer ailleurs.

PROMENADE DU MOIS DE MARS.

CHAPITRE III.

DES ENGRAIS (SUITE). — ENGRAIS FLAMAND, GADOUE, COURTE - GRAISSE.

Un mois après leur première visite à la ferme, M. Durand annonça à ses élèves que M. Dumont était disposé à leur consacrer l'après-midi de ce jour là.

Il faisait une de ces froides journées de Mars qui porteraient à croire au retour de l'hiver. Le soleil était caché par des nuages de pluie ou de neige. La campagne était triste, la nature semblait endormie. Malgré cela nos jeunes amis étaient joyeux, ils étaient enchantés en pensant que dans quelques heures ils allaient entendre M. Dumont leur donner les sages conseils de son expérience.

Après la classe du matin on alla prendre son repas. Il ne fut pas long, car, une heure sonnant, tout le monde était prêt pour se mettre en route. Je dis en route parce que la ferme de M. Dumont était située à deux kilomètres du centre du village, au milieu des terres.

Mes enfants, dit l'instituteur, lorsqu'ils furent arrivés à quelques centaines de pas de la ferme, je vois M. Dumont qui sort de chez lui : Il regarde de notre côté ! Saluez-le... Il avait l'air de s'en aller aux champs. Le voilà qui vient à nous, épargnons-lui la moitié de la route ; pressons le pas.

M. Dumont. — Bonjour M. l'Instituteur, bonjour mes amis ! Je me disposais à aller visiter mes terres. Je vous avoue que je ne vous attendais pas sitôt. Le temps est humide et paraît disposé à la neige ou à la pluie. Vous ne vous rebutez pas pour si peu, c'est bon signe. Celui qui n'a pas un véritable désir d'apprendre n'affronte pas comme vous la rigueur de ce temps vraiment trop froid.

Retournons sur nos pas, nous continuerons à visiter les engrais dont je tiens à vous faire connaître les propriétés et l'emploi. Si vous voulez vous instruire, il ne faut pas vous rebuter pour certaines matières repoussantes pour tout autre que le cultivateur. Le fermier, du reste, n'est pas habitué à cette délicatesse outrée qui vous fait trouver mauvais tout ce qui n'a pas une odeur agréable, et sans se familiariser plus qu'il ne faut avec certains produits que dans la société on appelle immondices, il sait en reconnaître l'utilité et en retirer son profit.

Abordons donc franchement la question et approchez sans crainte. Voici des vidanges que l'on est occupé à transporter sur les terres. Approchez, mes amis, l'odeur n'est pas aussi désagréable que vous pourriez le croire. J'ai fait jeter dans la fosse, à mesure qu'on y introduisait de nouvelles vidanges, une poudre désinfectante composée de charbon de bois, et de sulfate de fer. Vous vous apercevez sans doute, qu'il faut vraiment en être averti pour se douter, par l'odorat, de ce que l'on a sous les yeux.

Cette fosse contient environ douze cents hectolitres de matières fécales appelées ENGRAIS-FLAMAND, GADOUE, COURTE-GRAISSE. C'est un engrais d'une puissance remarquable. Il fournit à la terre et aux plantes une grande quantité de sels très-favorables à la végétation.

« Le soin que l'on apporte à sa conservation, dit un auteur, indique le degré d'avancement de l'agriculture dans une contrée. »

Sous ce rapport, mes amis, nous ne sommes pas en retard, dans notre beau département, et l'on voit peu de cultivateurs qui n'en emploient des quantités plus ou moins considérables.

Pierre, mon domestique, vient d'emplir un tonneau. Suivons-le, nous verrons de quelle manière on répand cette matière sur la terre...

... Vous voyez qu'à la partie inférieure du tonneau se trouve percé un trou assez grand, bouché par un tampon auquel est attachée une corde que Pierre tient à la main. Vous remarquez aussi cette planche de quatre à cinq pieds de long, qui se trouve placée à plat au dessous du trou.

On vient de retirer le tampon. Voyez-vous, l'engrais coule sur la planche qui le divise dans toute sa longueur et s'étend avec régularité sur le champ.

Pierre, conduisez vos chevaux moins vite ! Cette terre a besoin d'être bien fumée, j'y mettrai du colza.

Le tonneau contient environ mille litres. Sur cette terre qui a une contenance de un hectare, j'en ferai mettre cinquante à soixante tonneaux, ce qui est à raison de cinq à six cents hectolitres par hectare.

C'est ce que M. Kuhlmann, de Lille, conseille dans la relation suivante :

« 1.re ANNÉE. — Au mois d'octobre, après avoir fumé avec
« du fumier d'étable enterré à la charrue, on répand six cents
« hectolitres d'engrais liquide par hectare. 2.º Labour, on sè-
« me le colza.

« 2.me ANNÉE. — Le colza récolté, on laboure pour les se-
« mailles d'automne; 120 à 150 hectolitres d'engrais liquide,
« on sème le froment.

« 3.me ANNÉE. — On laboure sur éteules de blé; 120 à 150
« hectolitres d'engrais liquide, on sème l'avoine.

« On fabrique avec les matières fécales un engrais nommé
« poudrette dont on se sert beaucoup quoiqu'il n'ait pas, tant
« s'en faut, la puissance de l'engrais liquide, mais on la re-
« cherche parce qu'elle est sans odeur et que les ouvriers
« répugnent moins à la manipuler.

CHAPITRE IV.

ENGRAIS (SUITE). — ENGRAIS ANIMAUX, GUANO, COLOMBINE.

Allons jusqu'à ce champ de blé, un ouvrier travaille à dé-
terrer un cheval et un bœuf que j'ai eu le malheur de perdre
l'an dernier, et avec lesquels j'ai fait un excellent compost.

Après avoir fait écorcher les bêtes, vendu leurs peaux et
leurs os, je les ai fait couper en morceaux que l'on a jetés
dans cette fosse, par couches recouvertes d'un lit de chaux et
de terre, afin d'empêcher la déperdition du gaz, et aussi pour
que la décomposition se fît plus promptement et d'une manière plus parfaite. A la dernière couche on a répandu sur le
tas de la chaux que l'on a recouverte de quarante centimètres

de terre mélangée avec du plâtre en poudre. Vous voyez que j'ai obtenu un bon engrais; il est presque réduit en poussière et sa puissance est aussi grande que son aspect est satisfaisant. Cet engrais sera répandu sur une partie de mes colzas et vous verrez quelles proportions ils auront atteintes au moment de la récolte.

Le Guano est un engrais qui a été découvert au Pérou par un Français. Il provient de la fiente des oiseaux de mer, déposée là depuis des siècles. Aussi il y a des gisements qui rapportent, dit-on, au gouvernement péruvien plus de deux cents millions de francs par an.

C'est un engrais d'une énergie extraordinaire. Malheureusement on est souvent trompé dans ses achats, et il en est là comme chez le boucher, une fois bien servi, une fois mal. Il faut reconnaître pourtant qu'aujourd'hui on accorde toutes les garanties désirables et que ce n'est que difficilement que la fraude parvient à s'introduire.

Le guano contient de 12 à 15 pour cent d'azote, principe des plus nécessaires aux plantes. Il est aussi très-riche en ammoniaque et en phosphore, autres principes utiles, de là la puissance étonnante qu'il possède.

La Colombine est, après le guano, l'engrais le plus énergique. Elle se recueille à la ferme dans le pigeonnier et dans le poulailler,

Pour obtenir cet engrais en plus grande quantité possible, il est bon de répandre tous les huit à dix jours dans le colombier et le poulailler, des chenevottes, de la paille de lin, des sciures de bois, du sable. Ce procédé a en outre l'avantage de fixer les parties liquides et gazeuses.

Tous les deux mois on enlève le fumier et on le dépose dans un lieu sec où il se réduit en poudre. Cette poudre répandue avec la semence des céréales produit sur les terres humides, froides et tenaces de très-remarquables effets. Pour les trèfles il surpasse le plâtre et la cendre.

Je l'applique depuis longues années, en le mêlant avec la cendre du charbon de terre, et le succès a toujours été le résultat de son emploi. Les récoltes de lin sur lesquelles je l'ai étendu ont donné des produits magnifiques.

Un élève. — Pardon, Monsieur, si je vous interrompts, mais je voudrais bien savoir ce que cet ouvrier peut semer dans ce champ, là-bas, près du canal.

M. Dumont. — Mars est l'époque des semailles de printemps, mon ami, vous verrez en ce moment bon nombre d'ouvriers occupés à cette besogne. Afin de vous éviter de nouvelles questions, je vais vous faire connaître toutes les graines que l'on sème pendant ce mois.

Ce sont d'abord l'avoine, le blé de printemps comme céréales; les trèfles rouges et blancs, la lupuline, la luzerne, le sainfoin, les vesces comme plantes fourragères; les pois, les carottes, les rutabagas, même les betteraves lorsqu'il ne gèle plus. Le lin peut aussi être confié à la terre mais vers la fin du mois.

Je vous disais donc que le guano et la colombine se sèment en poudre, mais il est nécessaire de ne le faire que lorsque le temps est humide ou qu'il promet la pluie; sans cette précaution les gaz ne s'introduiraient point dans la terre, ils se perdraient dans l'air. L'eau, au contraire, dissout immédiatement les sels que ces engrais contiennent, les entraînent dans le sol, où les racines des plantes vont les chercher pour se nourrir et se développer.

Lorsque au printemps je répands de la colombine ou du guano sur mes semailles d'automne, je réveille leur vigueur et hâte leur végétation. C'est surtout un moyen qu'on ne doit pas négliger de mettre en pratique, lorsque l'hiver a été rigoureux et que les plantes ont eu à souffrir de fortes gelées.

CHAPITRE V

ENGRAIS VÉGÉTAUX.

Il y a, mes amis, à la disposition du cultivateur une masse d'autres engrais, tous aussi nécessaires les uns que les autres aux besoins divers des plantes. De même que nous aimons à varier notre nourriture pour nous rendre la force, la santé, l'appétit qui s'en allaient, de même la terre a besoin d'aliments divers selon les végétaux qui iront puiser leur nourriture dans son sein, afin d'acquérir la force nécessaire à leur développement.

La terre est une bonne mère; elle donne au centuple de ce qu'elle reçoit et cela sous les formes les plus variées. Elle élabore à l'avance la nourriture des plantes, afin qu'elles se l'assimilent plus facilement, et nous rend, au lieu d'un fétide fumier, les fruits les plus suaves, les fleurs les plus belles, les plantes les plus utiles.

Nous avons donc encore à sa disposition des engrais végétaux. Parmi ceux que j'emploi le plus communément, je vous citerai les tourteaux de colza, de lin, de navette, de chanvre, les résidus des fabriques de sucre, etc...

Je viens de faire provision de tourteaux; dans quelques moments vous les verrez employer. Et voici précisément qu'on les charge.

Remarquez qu'ils sont pilés soigneusement; ils opèrent mieux ainsi. Ce sont des tourteaux de colza, non pas que je les préfère aux tourteaux de lin, au contraire; mais ceux-ci sont trop chers et servent plus souvent à la nourriture des bestiaux qu'à la fumure des terres.

Jacques! attelez vos chevaux à la voiture que l'on vient de charger. Vous la conduirez dans le champ de blé près du moulin Touret où on le sèmera.

Suivons la voiture et remarquez que le temps s'est décidément mis à la pluie.

Depuis quelques instants j'observais l'état du ciel, c'est parce que je me suis aperçu qu'il allait pleuvoir dans quelques instants, que j'ai donné l'ordre de transporter les tourteaux au plus vite.

Vous devinez pourquoi je choisis un temps pluvieux.

Un élève. — M. D'après ce que vous nous avez dit du guano et de la colombine, c'est parce que cet engrais jeté par un temps sec perdrait presque toute sa valeur.

M. Dumont. — Bien, mon ami, c'est cela même, l'eau entraînera les sels au font de la terre ce qui vaudra mieux, n'est-ce pas que de les laisser perdre à la surface.

J'emploi environ 1500 tourteaux d'un kilo par hectare, lorsque je les sème pulvérisés. Si au contraire je les mèle avec du purin et de la courte-graisse ou engrais-flamand, j'en mets moitié moins.

Ce compost se répand sur la terre de la même manière que l'engrais liquide. Il est fort puissant, et ses effets sont plus remarquables encore que ceux du tourteau employé seul.

CHAPITRE VI.

ENGRAIS VERTS.

» En vous parlant de la marne, je vous ai déjà dit, mes enfants, qu'on enfouissait quelquefois dans la terre des engrais verts. Je vais vous en parler un peu plus au long aujourd'hui, en vous conduisant à un champ que l'on est occupé à labourer à quelques pas d'ici.

» Ce sont des orges qui sont venues tellement drues que je suis obligé de les faire retourner.

» Vous le savez, ou du moins on vous le dira plus tard, les plantes sont divisées en deux parties bien distinctes dont l'une s'enfonce dans la terre pour y puiser sa nourriture, et l'autre va chercher dans l'air les gaz utiles à sa végétation. Ces gaz sont tellement précieux que si les plantes en étaient privées, elles s'étioleraient et finiraient par mourir. En enfouissant ces feuilles, ces tiges qui en ont absorbé une certaine quantité, on donne à la terre des principes nouveaux. A ce titre les verdures sont des engrais.

UN ÉLÈVE. — Ces engrais sont-ils puissants, monsieur?

M. DUMONT. — Non, mon enfant, et en définitive, aussi bons qu'ils soient, ils ne valent jamais une bonne demi fumure. Aussi, pour ma part, je préfère ne labourer que ce qui est perdu sans retour, au lieu de semer comme le font certains cultivateurs dans le seul but d'enfouir. Je ne fais d'exception que pour les terres en jachère qui, si elles sont en repos, fournissent au moins un engrais qu'elles s'incorporent, et tout ne sera pas perdu.

» Je ne nie pas que dans certains cas, dans les terrains

calcaires par exemple, et les terrains secs, l'engrais vert ne produise un bon effet; mais on peut trouver mieux et obtenir de plus beaux résultats sans se donner tant de peines.

» Dans les terres fortes et humides, l'engrais vert est un véritable poison. Je vous ai dit qu'on le combat par l'addition de la chaux.

» Les résidus des fabriques, des brasseries, les pulpes, les drèches, sont aussi employés comme engrais, mais ils sont d'une puissance médiocre, et l'on s'en sert plus souvent à engraisser le bétail.

CHAPITRE VII.

ENGRAIS VÉGÉTO-ANIMAUX.

» Il nous reste, mes amis, à nous occuper des plus importants de tous les engrais, tant sous le rapport de leur richesse qu'en raison des grandes quantités employées dans la culture.

» Il n'est, en effet, aucun cultivateur qui ne fasse usage de fumier d'étable; et il s'en consomme chaque année des masses énormes, tandis qu'il en est encore qui ignorent même les noms de ceux dont je viens de parler.

» Nous entrerons donc, pour ceux-ci, dans de plus grands développements et comme nous ne sommes par éloignés de la ferme, nous allons y retourner pour les voir de près.

» Il y a des cultivateurs qui mélangent leur fumier d'étable et en font un seul tas, d'autres, et je suis du nombre, les séparent. Je crois avec raison que les terres ayant des besoins différents selon leur nature et leurs qualités demandent des engrais variés pour y satisfaire. Je ne pousse cependant pas la division trop loin; je fais deux tas dont l'un contient les fumiers chauds et l'autre les fumiers froids.

UN ÉLÈVE. — Veuillez nous dire, monsieur, ce que vous entendez par fumier chaud et fumier froid?

M. DUMONT. — Patience, mon ami, j'y arrive.

» Remarquez de quelle manière je fais arranger mes fumiers. Sur un terrain légèrement creux et en pente, je fais mettre de la terre glaise que l'on bat fortement afin d'empêcher l'absorption des eaux provenant des urines ou des pluies. Au lieu de laisser séjourner mes fumiers à la porte des écuries, ce qui se pratique encore dans certains villages, je les fais transporter immédiatement sur le tas. De cette manière mes fumiers conservent toutes leurs qualités. A mesure que le tas s'élève on le tasse fortement afin qu'il ne se consomme pas trop vite.

» Dans la direction de la pente, on creuse un trou pouvant contenir environ 40 hectolitres. Autour du fumier on a eu soin de faire des rigoles qui vont déboucher au trou au purin, de manière que lorsque l'eau tombe ou que le purin s'égoutte, tout s'écoule dans la même direction. Cette réserve peut servir à arroser le tas lorsqu'il fait trop chaud.

» Lorsque le fumier entre en fermentation, il se perd une quantité considérable de gaz. Pour arrêter cette déperdition il faut recouvrir le tas d'une couche de plâtre en poudre et de 8 à 10 centimètres de terre; par ce moyen on fixe dans le tas les parties les plus riches du fumier, et on les conserve dans de bonnes conditions pour le moment où l'on sera appelé à en faire usage.

Voici le tas de fumier de mouton et de cheval; c'est ce qu'on appelle des *fumiers chauds*. Cet engrais est très-actif et parfaitement approprié aux besoins des terres argileuses et humides. Il est très-énergique et agit promptement. Le fumier de mouton est moins chaud que celui du cheval, mais il est plus substantiel et son action se fait sentir plus longtemps dans la terre. La 2.ᵉ année, il produit encore des effets très-remarquables.

» Le fumier de cheval et celui de mouton sont mélangés en un seul tas. Cependant s'il arrivait que j'eusse plus particulièrement besoin de l'un que de l'autre, je pourrais les employer isolément, parce que les fumiers de mouton peuvent rester dans les étables jusqu'au moment de s'en servir, et ce n'est que deux ou trois fois dans l'année qu'on les en retire généralement.

» Comme le fumier de mouton fermente très-lentement et celui de cheval fort vite, j'arrive par le mélange à une fermentation moyenne très-avantageuse.

» Pour la navette et le colza j'emploie quelquefois le fumier de mouton seul. Il précipite leur végétation et permet une récolte plus avancée, ce qui n'est pas peu de chose dans nos climats où le mois de septembre est souvent pluvieux et compromet ces récoltes. Mais il faut savoir en user avec modération, car en trop grande quantité il brûlerait les plantes. Il y a dix ou quinze ans j'avais mis de ce fumier sur du colza que j'espérais voir devenir très-beau.

» Qu'est-il arrivé? C'est que mes colzas ont mûri trop vite et n'ont pu acquérir tout leur développement, parce que j'avais fumé trop abondamment. Cela m'a occasionné une perte considérable et m'a donné pour l'avenir une leçon que je n'oublierai pas. Tout n'était pas perdu; une bonne leçon n'a pas de prix.

CHAPITRE VIII.

ENGRAIS (SUITE) — FUMIER DE BÊTES A CORNES.

» A mon avis le fumier de vache est celui qui altère le moins la qualité des plantes; il ne leur communique aucune odeur désagréable, ainsi que cela arrive avec le fumier de cheval, de porc, l'engrais-flamand ou courte-graisse. Il convient particulièrement aux terres sèches, parce qu'il est plus froid, plus humide et moins énergique que les autres. Il convient également aux végétaux qui aiment la fraîcheur; au trèfle, à la luzerne, à l'avoine, aux navets, carottes, betteraves, etc.

» Voici des ouvriers occupés à charger du fumier de vache pour le transporter sur un champ destiné à des betteraves repiquées. Vous verrez plus tard si j'ai obtenu de bons résultats.

» Si au lieu de séparer ses fumiers, on les met tous sur le même tas, on pourra les répandre indistinctement sur toutes les terres; mais, vous le comprendrez facilement, les résultats que l'on obtiendra seront loin d'être aussi satisfaisants.

» Tel fumier, qui convient bien à une terre, peut ne pas convenir à une autre. Telle terre qui demande à être corrigée, a besoin de fumier chaud plutôt que de fumier froid et réciproquement. Comment satisfaire à ces besoins divers si vous mélangez vos fumiers? Vous ne pourrez donner à chaque terre la nourriture qui lui convient; par le mélange vous aurez rendu inutiles les propriétés particulières à chacun de vos fumiers. Vous avez tout simplement fumé et voilà tout. Ce n'est pas là ce que l'on doit attendre des fumiers. Il faut non-seulement qu'ils agissent comme engrais, il faut encore qu'ils agissent comme amendements et l'on ne peut arriver à ce double résultat qu'en séparant ses tas.

» Ainsi, je vous le conseil, si un jour vous dirigez à votre tour une exploitation plus ou moins importante, n'allez pas travailler en aveugles. Raisonnez ce que vous ferez, et je vous réponds qu'avec des engrais moins abondants, vous produirez mieux et davantage que celui qui en aura de grandes qnantités qu'il emploiera à tort et à travers.

CHAPITRE IX.

CHIFFONS.

» Les chiffons provenant de la laine des animaux sont un engrais de grande valeur. L'engrais animal, je vous l'ai déjà dit, est l'un des plus puissants que l'on puisse employer.

» Dans la terre que je vais vous faire voir, terre sèche et crayeuse, s'il en fût, j'ai fait mettre environ deux à trois mille kilogrammes de laine qui m'ont coûté, au prix actuel, de 200 à 250 francs pour un hectare. Depuis deux ans, cette terre n'a reçu aucune fumure, et cependant elle est loin d'être épuisée. Je dirai même plus, les chiffons n'ont pas encore produit tout leur effet et, j'en suis persuadé, la moitié au moins n'est pas décomposée. Voyez, je viens de remuer la terre avec ma canne et j'en ai fait revenir plusieurs lambeaux à la surface.

» Si je le voulais, je pourrais laisser ce champ sans fumier pendant sept, huit, neuf ans même. Je me garderais bien cependant d'en agir ainsi. Je ne suis pas de ceux qui font produire jusqu'à épuisement complet. L'an prochain cette terre recevra une demi-fumure pour la conserver dans un état meuble qui convient tant aux plantes. Je serai encore tranquille pendant trois ans, au bout desquels je recommencerai la même opération, jusqu'à ce que je m'aperçoive que la laine s'appauvrit et qu'il est temps de reprendre mes fumures complètes.

» J'ai à la ferme des chiffons dont j'ai fait provision depuis deux ans ; je crois bien en avoir de 15 à 1,800 kilogrammes. Je les ai fait couper en petits morceaux puis mélanger avec du fumier d'étable, j'ai fait arroser copieusement et fréquemment avec ma réserve de purin, et j'ai maintenant un engrais puissant qui produira les meilleurs effets sur les terres.

UN ÉLÈVE. — Les chiffons ainsi mélangés sont-ils plus énergiques que les autres?....

M. DUMONT. — Oui, mon ami, et dans les années sèches ils ne produisent d'effet que lorsqu'ils sont préparés comme je viens de vous le dire.

» Si vous voulez connaître la cause de l'énergie de cet engrais, rappelez-vous ce que je vous ai dit il y a quelque temps.

» L'azote est l'aliment favori des plantes, toutes en ont besoin pour se développer et elles le feront d'autant mieux qu'elles en trouveront davantage dans le sol. Les chiffons qui contiennent ce gaz en grande quantité conviendront donc éminemment à tous les végétaux qui en sont très-avides.

» Je m'aperçois que la brune arrive, il est temps de nous quitter ; le froid va devenir piquant. Allez vous réchauffer, mes amis, au coin du foyer domestique. Votre mère vous attend avec impatience, ne la laissez pas dans l'inquiétude. Hâtez-vous, et pour terminer votre soirée, racontez à votre père ce que vous avez vu et entendu aujourd'hui. »

PROMENADE DU MOIS D'AVRIL.

CHAPITRE X.

AMENDEMENTS.

Un jeudi du mois d'avril, M. Durand, en terminant sa classe du matin parlait ainsi à ses élèves :

» Jusqu'aujourd'hui, j'ai été très-content de votre conduite et de votre travail, les leçons de M. Dumont ont été bien comprises, vous avez mis à profit les bons conseils qu'il vous a donnés dans notre dernière promenade. J'ai même remarqué que Bertaud avait mieux soigné ses fumiers, j'en remercie le fils. Approchez, Louis.... Ne manquez pas de faire part de cette bonne nouvelle à M. Dumont. Cet homme respectable travaille depuis trente ans à changer la culture routinière de ce pays ; il sera charmé du résultat que ses leçons lui ont fait obtenir.

» Un domestique de la ferme est venu hier soir m'annoncer que M. Dumont nous attendrait cette après-midi. Voilà à peu près un mois que vous n'avez eu le plaisir de l'entendre ; montrez-lui que vous avez profité de ce long repos. . . . . .
. . . .

L'après-midi, M. Dumont, après avoir posé à ses élèves une série de questions rétrospectives, fut agréablement surpris des réponses qui lui furent faites, il les en félicita ainsi que le jeune Bertaud qui mieux que tout autre avait profité des leçons de son vieux maître.

Vous le savez, mes amis, dit M. Dumont, nous sommes

dans un de ces moments de l'année où de tous côtés le cultivateur trouve à s'occuper. Ici il faut labourer, là fumer, semer etc.; tout le monde est aux champs, tout le monde est surchargé de besogne. On devrait pouvoir se diviser; c'est le réveil de la nature c'est aussi celui du cultivateur.

» Nous avons dans notre dernier entretien passé en revue les engrais. Nous allons aujourd'hui nous occuper des amendements. La leçon sera encore facile, car à côté du précepte vous aurez toujours l'exemple.

» Remarquez bien, mes amis, que toutes les explications que je vous ai données jusqu'à ce jour sont le fruit de mon expérience et que je n'avance aucun fait qui n'ait été sanctionné par quatre ou cinq années de succès.

» Je ne marche pas en aveugle comme beaucoup le font malheureusement encore. J'appelle à mon aide l'expérience de nos grands agronomes. Je prends pour modèle l'illustre M. de Dombasle, et tant d'autres qui ont écrit sur l'agriculture. Je me pénètre de ces deux belles sciences : la chimie et la physique.

» J'ai voulu, quant à moi, donner un démenti aux paroles de M. Raspail :

« L'agriculture n'est pas encore une science, c'est une connaissance empirique qui appelle à son secours l'expérience, sans posséder presque un seul axiome capable de la guider d'une manière infaillible. »

« J'ai raisonné ma culture, j'ai fait des essais, des expériences; de ces essais, j'ai déduit des faits certains, positifs.

» L'un des principaux et des plus utiles amendements dans nos contrées, mes amis, c'est sans contredit le drainage. Suivez-moi dans le champ où travaillent ces ouvriers, je vais vous expliquer comment cette opération s'exécute.

» Vous le savez tous, sans doute vos parents vous l'auront appris, lorsqu'il y a trente-deux ans, je vins m'établir dans cette contrée, il ne s'y trouvait que des marais qui, non-seulement rendaient improductive une bonne partie du terroir, mais encore engendraient par les exhalaisons pestilentielles qui s'en échappaient, des fièvres intermittentes dont étaient frappés périodiquement, pendant les grandes chaleurs, les hommes et les animaux.

» Je n'hésitai pas cependant à risquer une grande partie de ma fortune à l'exploitation de ces marais, j'en achetai une bonne portion et, dès l'année suivante, je fis commencer les travaux de déssèchement. Ce fut long et coûteux mais je ne reculai point.

» Dans cette partie de mes terres où nous nous trouvons et qui n'était, il y a vingt ans, qu'un vaste marais de dix-huit hectares d'étendue, le sous-sol fut trouvé perméable. J'arrivai facilement par le moyen de trous appelés *bois-tout*, que je fis creuser de place en place, à enlever en peu de temps les eaux croupissantes qui couvraient le sol depuis bien des années sans doute.

» Là-bas, de l'autre côté du village, il n'en fut pas de même, le sol était tellement compacte et le sous-sol imperméable, que je fus obligé d'établir des canaux d'écoulement, de faire sonder et de creuser des puits très-profonds, pour rencontrer la couche perméable et permettre à l'eau de trouver une issue. Cela m'a coûté de l'argent, des soins et de la patience. Il y eût même des parties qui ne purent être desséchées qu'à la longue, en comblant de boues, de pierres, de terres rapportées, et empiétant chaque année sur le marais. Aujourd'hui, de quelque côté que vous tourniez les yeux, vous ne trouverez plus d'eau que dans ces fossés d'écoulement. Non pas que j'eusse tout acheté; mais mon exemple fut suivi par les fermiers des alentours, lorsqu'ils eurent vu les magnifiques récoltes que j'obtenais sur mes terres.

» On a ri de moi dans le principe ; j'ai laissé faire. Je savais bien que les rieurs seraient bientôt de mon côté.

» Depuis ce temps plus de maladies, plus de ces fièvres intermittentes qui décimaient chaque année cette malheureuse population, plus de bras inoccupés, plus de misère ; l'aisance et le bien-être partout.

» Voilà ce que j'ai fait. Je ne demande pas d'autre récompense qu'un regard de Dieu, et la joie dont jouit ma conscience, à la vue des heureux que j'ai faits, me rénumère largement de tous mes sacrifices.

» Lorsque mes marais furent desséchés, j'attendis deux ans avant de les cultiver, afin qu'ils eussent le temps de bien se ressuyer. Je labourai mes terres, je les comblai de chaux, de démolitions, de poussières, de tout enfin ce que je pus recueillir de propre à les amender, et à faire disparaître le reste de leur humidité. Au bout de ce temps j'ensemençai, et l'année suivante je vis mes efforts couronnés par la plus magnifique récolte que jamais on eût vue dans ce pays.

» Quoique déjà bonnes, mes terres laissaient encore beaucoup à désirer ; elles étaient pour la plupart extrêmement humides. C'est pour cela que chaque année, depuis quinze à vingt ans, j'en fais drainer quelques hectares.

» Nous voici arrivés.... Regardez le travail ; il consiste à creuser des fossés au moyen d'outils appropriés à ce genre d'opération, et à une profondeur de 1 mètre 25 cent. à 1 mètre 50 centimètres. On leur donne, pour l'écoulement des eaux, une pente de 2 millimètres par mètre. Cette pente est nécessaire ; elle empêche les eaux de séjourner dans les tuyaux, ce qui, en hiver, pourrait avoir de graves inconvénients.

UN ÉLÈVE. — Je vous demanderai, monsieur, pourquoi on creuse des fossés si profonds. Il me semble que si l'on mettait les drains plus superficiellement l'eau s'écoulerait mieux et le travail ne coûterait pas si cher ?

m. dumont. — C'est en partie vrai ce que vous dites-là, mon ami ; mais vous remarquerez que si l'on trouvait avantage à placer les tuyaux à la surface, on ne ferait point d'inutiles dépenses pour les mettre dans des fossés si profonds.

» Vous êtes dans une erreur complète, du reste, en pensant que l'eau s'écoulerait mieux. Au contraire, la pluie en tombant serait absorbée par les conduits placés directement sous elle, c'est-à-dire que l'eau prendrait son cours en ligne droite et il n'y aurait que les drains placés sur la perpendiculaire qui en recevraient. De plus, en supposant les drains moins profondément placés qu'ils le sont ici, lorsque les fortes gelées arriveraient ils seraient infailliblement détruits, et ce serait à recommencer.

» J'ai calculé que pour drainer un hectare, il m'en coûte de cent-quatre-vingt à deux cents francs, les tuyaux étant comme ici espacés de sept mètres.

» Ces tuyaux doivent être fabriqués avec de la bonne argile, être bien cuits, poreux, afin de permettre à l'eau de s'introduire facilement dans les conduits. Je les choisis toujours moi-même.

» Remarquez que dans les endroits les plus bas, on a creusé des fossés, dans lesquels sont placés des tuyaux beaucoup plus forts que ceux-ci. C'est ce que l'on appelle les tuyaux collecteurs. Ce sont eux qui reçoivent les eaux des petits tuyaux qui vont tous y aboutir, et les transportent dans les fossés qui bordent le champ.

» Venez par ici vous verrez placer les drains. Ce travail est simple, mais il demande de l'attention. Il consiste à ajuster les tuyaux les uns dans les autres, de manière à laisser le moins de vide possible, et puis à les placer au fond du fossé en les recouvrant de petits cailloux, jusqu'à une hauteur de 2 à 3 décimètres; on finit alors de combler avec les terres qui ont été extraites des fossés.

» L'influence du drainage est tellement grande que non-seulement elle assainit les terres, mais qu'elle modifie leurs propriétés et leur donne des qualités nouvelles.

» Par suite de la multitude infinie de petits canaux qui conduisent l'excédant d'eau, de la terre dans les tuyaux, l'air pénètre plus facilement la terre qui elle-même est rendue plus meuble, et donne non-seulement passage aux racines, mais leur fait encore trouver dans l'air qui la pénètre une nourriture abondante.

» Le sol conserve constamment le degré d'humidité convenable à la terre et aux plantes, car elle ne peut parvenir en totalité jusqu'au fond des tuyaux. Les canaux capillaires en retiennent un peu, de manière qu'en temps de sécheresse ils laissent reprendre aux plantes cette eau dont elles ont besoin.

» Si vous n'êtes pas trop fatigués, allons jusqu'au champ Boulet, que l'on est occupé à labourer.

LES ÉLÈVES. — C'est vous, monsieur, qui devriez être fatigué. Vous pouvez être assuré que nous avons trop de plaisir à vous entendre pour ressentir la moindre fatigue. Ainsi nous vous en prions tous, veuillez continuer cette leçon qui nous intéresse tant.

M. DUMONT. — Puisque vous le désirez, je continue. — Le labour est encore un amendement ; il est même si puissant qu'il surpasse tous les autres par les bienfaits qu'il produit, et sans lui il n'y a pas de culture possible.

UN ÉLÈVE. — Les labours sont des amendements ?...

M. DUMONT. — Vraiment oui, mon ami, vous allez le comprendre ; suivez mon raisonnement.

» Amender une terre, c'est la corriger, la rendre meilleure... Or, qu'arrive-t-il lorsqu'on laboure ou que l'on bêche ?.... Le sol qui depuis plusieurs mois était sec et aride, se divise, la terre vierge du fond est ramenée à la surface. Elle ne manque pas de richesse, mais il lui faut pour produire, la bienfaisante influence de l'air, de la lumière, de la chaleur, de l'humidité. Vous lui procurez tout cela en la ramenant à la surface. Vous détruisez les mauvaises herbes, vous ameublissez la terre; vous facilitez aux racines un passage pour aller y puiser leur nourriture. Cette terre qui d'abord était stérile, la voilà redevenue féconde; vous l'avez donc bien amendée, corrigée, rendue meilleure?

» Les labours se donnent de diverses manières et à différentes époques.

» La science du cultivateur consiste à savoir discerner et la profondeur qu'il faut donner à ses labours et le moment où ils doivent se faire.

» Voici, Jacques, mon maître de labours occupé à labourer. Vous le voyez, la charrue s'enfonce profondément, et cela dans le but de ramener à la surface une bonne couche de terre vierge destinée à devenir en peu de temps une bonne terre arable.

» Ce champ m'appartient depuis cette année; je l'ai acheté à Cormont qui n'en a jamais rien pu faire. Je crois en connaître la cause, c'est qu'il n'osait la défoncer assez et que la couche de terre cultivable n'ayant pas d'épaisseur, les racines ne trouvaient pas une nourriture suffisante, languissaient et finissaient par mourir.

» Du reste, j'ai déjà fait l'expérience sur une terre toute semblable, qui se trouve à quelques pas d'ici, et vous voyez que le blé que j'y ai fait semer a une très-belle apparence.

UN ÉLÈVE. — Qu'est-ce que la terre arable, je vous prie, Monsieur?

M. DUMONT. — La terre arable, c'est la terre cultivable, celle qui fournit aux végétaux leur nourriture. Au-dessous d'elle vient le sous-sol, aride, rocailleux et plus ou moins propre à devenir peu à peu, à son tour une bonne terre arable.

» Plus la couche de terre arable est profonde, plus on sera

assuré d'une belle récolte, et il serait humainement impossible de cultiver les plantes racines, dans un terrain qui n'en offrirait pas une couche d'au moins 25 à 30 centimètres.

» Je vous disais que dans les terrains calcaires, il est bon de labourer profondément du premier coup. Il n'en est pas de même dans les terrains argileux. Les labours doivent ramener le sous-sol, un peu à la fois, d'année en année, afin d'arriver graduellement et non brusquement, comme certains le font, à obtenir une épaisse couche de terre arable.

» Dans les terrains où cette couche se trouve être suffisante on laboure toujours profondément, afin de maintenir le fond dans un état meuble et lui faire subir l'influence de l'air.

» Remarquez encore que les labours doivent se faire en temps opportun. Ceux qui ont pour but la destruction des mauvaises herbes, doivent avoir lieu par un temps sec ou à la veille de l'hiver.

» En général, labourer par un temps humide, c'est détruire sa terre. Loin de la rendre meuble elle devient dure, rocailleuse et impossible à travailler pour les semailles. Je fais exception pour les terres très-argileuses labourées dans cette condition avant l'hiver. Les gelées les fendillent, les ameublissent et les rendent propres à recevoir toutes les préparations nécessaires.

» Le sable que j'ai fait mettre dans ce champ, et qui a pour but de corriger cette terre et de la rendre plus perméable et plus accessible à l'influence de l'air et de la chaleur : c'est encore un amendement.

» Enfin la chaux et la marne dont je vous ai déjà parlé, sont des amendements en même temps que des engrais.

» Il ne suffit pas de connaître les engrais et les amendements, mes amis, il faut savoir les appliquer avec discernement, et pour cela il est de toute nécessité d'étudier les qualités ou les défauts de ses terres.

CHAPITRE XI

ANALYSE DES TERRES.

J'eusse été bien embarrassé en arrivant ici, si je n'avais commencé par étudier mes terres. Je n'aurais su, où ni comment, employer les excellents engrais que j'avais à ma disposition.

Le premier soin d'un bon cultivateur, soit qu'il commence une exploitation nouvelle, soit qu'il reprenne, comme locataire, une propriété depuis longtemps exploitée, c'est d'étudier les terres qu'il va être appelé à faire fructifier. Cette étude terminée il ne marchera plus par tatonnements, il ira droit au but, comme on fait un problème de mathématiques.

Je dois, pour que mes leçons soient complètes, vous faire connaître les moyens que j'ai employés pour arriver à une connaissance approfondie de la composition de mes terres. Ceux que je vais vous indiquer et dont je ferai l'épreuve devant vos yeux, sont à la portée de tout le monde. Nous n'entrerons pas certainement dans les expériences plus délicates du laboratoire, expériences qui peuvent m'être utiles, vu l'étendue et la diversité de mes terres; mais qui n'auraient d'autre avantage que de vous fatiguer sans vous instruire.

Outre la botanique, cette belle science qu'aucun cultivateur ne devrait ignorer, outre la botanique, qui nous fournit de précieuses indications sur la nature des terres par les plantes qu'elles fournissent spontanément, nous avons la chimie qui nous donne le moyen de les décomposer en chacun de leurs éléments, et nous les fait voir, toucher, sentir.

Un élève. — La chimie, Monsieur, mais nous n'y comprendrons rien. Un chimiste est un grand savant dit-on et la chimie est une science fort difficile.

M. Dumont. — Ne vous effrayez pas de ce mot, mes amis, chimie signifie décomposer ; or si vous arrivez à ce résultat par l'eau, le feu, l'acide, qu'y a-t-il là de si effrayant, de si difficile ?

Prenons tel champ que nous voudrons, celui-ci, par exemple. Vous le voyez, la terre est d'un blanc jaunâtre et vous vous dites déjà qu'elle est argileuse. Ne vous pressez pas de conclure, la couleur peut vous tromper bien souvent.

Prenez une petite poignée de cette terre.... Approchez-la de votre bouche et expirez dessus fortement votre haleine, de cette manière : heuch ! Sentez maintenant. La terre exhale une odeur fétide, désagréable. Nous avons à faire à une terre argileuse. Assurons-nous-en d'une manière plus positive. Mettez-en un peu sur votre langue, elle y colle fortement, n'est-ce pas ? C'est bien une terre argileuse.

Voulez-vous une plus grande certitude encore. Tenez, je prends ce verre, j'y introduis un morceau de terre bien sec, je verse dessus de l'acide. La terre ne bouillonne pas. Nous avons décidément sous les yeux une terre argileuse.

Voyons maintenant ce champ là-bas, plus haut. La terre est tellement légère que l'eau la traverse comme un tamis, elle ne tient pas en mottes et se laboure avec une grande facilité. Cherchons quelle peut être sa composition dominante.

J'en prends un morceau, je le mets dans ce verre, j'y verse un peu d'acide. Voyez, voyez comme elle bouillonne, elle écume, elle déborde ; c'est de la terre calcaire. Ce champ plus près du chemin, je le corrige depuis quatre ans ; la terre est encore plus légère que celle que nous quittons, si c'est possible.

Prenez-en comme moi un morceau bien sec, frottez-le entre vos deux mains. Ne sentez-vous pas comme une sensation qui ressemble à celle que vous éprouveriez en frottant du verre pilé? Ce sont de petits cailloux et du sable qui produisent cet effet.

J'en introduis un peu dans ce verre, je verse de l'acide, elle ne bouge pas. Il n'y a point de calcaire. Je nettoie le verre et j'y remets de la terre, cette fois je n'y verse que de l'eau pure dans laquelle je délaie la terre et je laisse reposer. Regardez, voyez-vous au fond ce dépôt de sable, c'est de la terre sableuse.

J'ai bien encore un terrain siliceux à vous faire voir, mais, à l'essai, on obtiendrait un dépôt de poussière de cailloux, bien facile a reconnaître. Je ne crois donc pas utile de vous faire marcher jusque-là.

Un élève. — M., que sème-t-il cet ouvrier dans ces trèfles?

M. Dumont. — Mon ami, c'est du plâtre. Cela va donner une nouvelle vigueur aux fourrages. Vous verrez lorsque vous reviendrez comme ils auront gagné.

A présent que je vous ai fait connaître la nature des terres, je vais vous dire deux mots des engrais qui conviennent à chacune d'elles, ainsi que les végétaux qu'elles affectionnent le plus particulièrement; afin que vous puissiez établir vos assolements, c'est-à-dire la manière dont les plantes doivent se succéder l'une à l'autre. Car vous savez sans doute que l'on ne peut cultiver deux fois de suite une même plante sur une terre, sans que celle-ci s'épuise, et sans courir le risque de faire une récolte insignifiante.

Dans les terrains calcaires vous mettrez l'orge, le froment, les pois, les haricots, les lentilles, les pommes de terre, le sarrazin, le sainfoin, le houblon, la luzerne et la lupuline.

Dans les sols argileux vous cultiverez avec succès le froment, l'épeautre, la féverole, le colza, la navette et même le trèfle.

Dans les terres contenant des débris de végétaux viendront les plus abondantes récoltes de froment, betteraves, carottes, colza, pavot, œillettes, lin, chanvre.

Enfin dans les terrains siliceux, l'avoine, le seigle, les pommes de terre et les racines de toute sorte : betteraves, turneps, rutabagas, etc., etc. Le colza, les choux, les vesces et le lin viendront à souhait.

Dans les terrains sablonneux, les mêmes récoltes réussiront bien.

Je vous ai dit que je vous ferai connaître les engrais qui conviennent à chaque espèce de terre et quoique je vous en aie déjà parlé assez longuement, je crois qu'il ne sera pas inutile que je me résume en quelques mots.

Nous savons que les terrains calcaires se distinguent par leur aridité, leur sécheresse. Les engrais qui leur conviendront le mieux seront ceux qui contiendront la plus grande quantité d'humidité, et fermenteront avec le plus de lenteur.

En première ligne je citerai les engrais verts, éminemment propres à fournir à la terre une salutaire moiteur, puis viennent les fumiers de vache peu décomposés et les fumiers de porcs.

Les terrains argileux au contraire, sont trop compactes, trop humides, trop froids. Vous en conclurez immédiatement que les fumiers de cheval, de mouton, bien décomposés ; les matières fécales, le guano, la colombine leur conviendront aussi très-bien, ainsi que les tourteaux délayés dans les urines.

J'ai soin, lorsque je répands des engrais sur ces terres, d'en mettre en quantité considérable, par exemple 25 à 30 voitures de 12 à 1500 kilog. par hectare.

Je ne néglige pas non plus de leur fournir de temps en temps, à mesure que ma provision est suffisante, des cendres et de la chaux.

Aux terrains sablonneux et siliceux, qui sont très-légers, il faudra des fumiers bien pourris, qui fassent corps avec eux. J'ai mis dans certaines terres des boues provenant du curage des étangs ou qui avaient été retirées des égouts des villes. De plus, j'ai toujours ici des composts formés avec les boues que je puis recueillir et avec les débris végétaux de toute sorte. Je n'ai jamais eu qu'à me louer des succès que j'ai obtenus, par l'emploi bien entendu de ces engrais.

Avec de bons fumiers et des labours bien faits, vous ne pourrez manquer de réussir. C'est même le secret de ces magnifiques récoltes que tout le monde m'envie dans le pays. On craint de m'imiter, on à tort. Là où l'on voit du bien on ne doit jamais hésiter.

Tous ces braves cultivateurs prétendent que j'ai un sort. « J'en entends souvent dire : il est riche tout lui sourit, il ne peut manquer de réussir ; ainsi va le monde, tout à l'un rien à l'autre. »

Ils ont tort, qu'ils fassent comme moi, lorsqu'ils auront vu que mes essais ont réussi, ils s'apercevront bien que, pas plus qu'eux, je n'ai de secret. Si : je me trompe, j'en ai un, j'apporte à mes terres toute l'intelligence que Dieu m'a départie, et je ne leur demande jamais plus que je ne leur ai donné. Après cela j'ai l'œil partout, et il est un proverbe qui dit : L'ŒIL DU MAITRE VAUT DU FUMIER.

Le soir arrive, vous avez besoin d'aller prendre du repos. M. l'instituteur me dit que beaucoup d'entre vous ont une route assez longue à faire. Je ne veux pas vous retenir plus longtemps, ni vous surcharger l'esprit par de nouveaux détails. Restons-en là pour aujourd'hui et remettons la suite de nos entretiens au premier jeudi de juin. La multiplicité de mes occupations ne me permettra pas de distraire une heure de mon temps avant cette époque.

UN ÉLÈVE. — Permettez-moi, Monsieur, encore une question avant de partir. J'ai remarqué tout-à-l'heure des ouvriers dans les blés, il me semblait qu'ils les détruisaient.

M. DUMONT. — J'aime cette curiosité, mon ami, elle me prouve que vous vous intéressez à ce que vous voyez. Ces ouvriers coupaient les chardons qui auraient fini par étouffer les plantes. Quant à les détruire, il est probable que si l'on avait attendu encore un mois vous auriez eu raison de vous effrayer; mais en ce moment ils ne leur font aucun tort.

Voici encore des ouvriers qui sèment de la cameline, du colza de printemps. J'en vois aussi là-bas occupés à planter des haricots. Mais la journée est finie, le soleil se couche, tout le monde va rentrer à la ferme. Adieu mes amis.

PROMENADE DE JUIN.

CHAPITRE XII

HISTOIRE NATURELLE DES PLANTES. — L'AIR, LA CHALEUR, LA LUMIÈRE, L'EAU, L'HUMIDITÉ, ETC.

Vous voilà donc, mes enfants, de nouveau disposés à m'écouter. Je juge à l'empressement et à la ponctualité que vous avez mis à vous rendre à la ferme que vous avez toujours le même désir de vous instruire. Et ne fut-ce que cela je serais déjà très disposé à vous continuer mes leçons; mais M. Durand m'a dit en arrivant que vous travailliez avec ardeur à vous remémorer les explications que je vous ai données. Il s'est même aperçu que vous aviez acquis par le raisonnement des connaissances nouvelles et que beaucoup de détails que j'avais cru pouvoir omettre, me fiant en cela à votre intelligence, ont été expliqués à sa grande satisfaction.

Qui est-ce qui dirait, mes amis, que ces champs si beaux, si verdoyants, si pleins de mille parfums, si riches dans leur puissante végétation, sont bien les mêmes que nous avons vus il y a trois mois à peine. De quelque côté que vous tourniez les yeux, vous ne voyez que fleurs et verdure, les épis mêmes fleurissent déjà, et bientôt, si Dieu continue a nous envoyer des temps propices, nous verrons tomber sous la faux du moissonneur toutes les richesses répandues à la surface de la terre.

Je voudrais mettre un peu d'ordre dans mes explications, mais je cherche en vain, je ne sais pas où commencer, j'ai l'embarras du choix.

Je ne crois pas vous avoir parlé encore de la structure des plantes, de leur composition.

Je ne vous ai point dit comment elles se nourrissent et végètent.

Je ne vous ai point parlé de l'influence de l'air et de l'eau, lacune regrettable et que je vais prier M. Durand de combler de suite avant de vous entretenir de mes fourrages.

L'INSTITUTEUR. — Quoique moins capable que M. Dumont de traiter cette question, je vais cependant accéder à son désir afin de lui laisser un peu de repos, en attendant la longue et intéressante leçon qu'il va vous faire tout à l'heure.

Je viens de tirer de la terre une plante de haricot parfaitement intacte. Les incrédules demandent tous les jours à Dieu des miracles. Ils sont aveugles, c'est d'eux que le saint roi David a dit : « Ils ont des yeux et ne voient point. » Ils sont entourés de miracles et quel est le miracle plus grand que celui de la végétation et de la reproduction !...

Qu'ils fassent ces racines, cette tige, ces cosses, ces graines, s'ils le peuvent.

Nulle science n'en est capable, un Dieu seul peut créer de telles merveilles.

Les plantes se composent de deux parties dont l'une, qui sort de terre, est la tige et l'autre, qui s'enfonce plus ou moins profondément dans le sol pour y puiser les sucs qui serviront à la nourriture de la tige, est la racine.

Les organes des végétaux se divisent en deux classes : les organes de la nutrition et ceux de la génération. C'est-à-dire les organes qui servent à la nourriture de la plante et ceux qui servent à la reproduire.

Parmi les organes de la nutrition se trouvent d'abord les racines, puis la tige et enfin les feuilles.

La racine simple ou ramifiée donne naissance à des fibres déliées que l'on nomme chevelu ou radicelles et qui vont sucer les matières propres à la nutrition.

Lorsqu'une semence est confiée à la terre dans de bonnes conditions, la chaleur et l'humidité la font bientôt germer, c'est-à-dire qu'elles la gonflent, la décomposent, et facilitent au germe l'absorption des aliments qui se trouvent dans la terre. Alors le germe s'allonge et donne naissance à la racine qui s'enfonce verticalement dans la terre, et aussi à la tigelle qui s'élève et déploie ses premières feuilles dans l'atmosphère.

Voici un haricot par exemple qui a été planté il y a six semaines au plus et en voici un autre que j'ai apporté pour l'expérience. Ce petit appendice en forme de pointe que vous remarquez sur l'un des côtés, en rompant l'épiderme, c'est le germe ou embryon. Ce germe se nourrit dans le principe, des sucs contenus dans les deux lobes du haricot qui, sous l'influence de l'humidité et de la chaleur, se sont ramollis; il grandit. Les deux lobes du haricot sortent de terre avec la tige comme vous pouvez le voir dans la plante que je viens d'arracher; les feuilles sortent bientôt à leur tour de l'étui où elles se trouvaient enfermées et vont puiser dans l'air par l'absorption, un gaz précieux dont je vous ai déjà parlé, l'acide carbonique.

Il y a plusieurs sortes de racines : les unes vont chercher leur nourriture à la surface du sol, les autres s'enfoncent perpendiculairement dans la terre, d'autres sont renflées, etc. De là les noms de racines *fibreuses*, comme celles du blé, *pivotantes* comme celles des carottes, *tubériformes* comme celles des pommes de terre, *bulbeuses* comme celles des oignons.

Les tiges des plantes portent aussi des noms différents. Dans l'arbre, c'est le *tronc*; dans les graminées, c'est le *chaume*; dans les oignons, c'est la *hampe*.

Les fleurs ne se montrent pas toujours à nos yeux avec des couleurs brillantes. Voici du blé en fleur par exemple, il n'y a rien de bien remarquable à un certain point de vue, dans ces petites tigelles portant une espèce de poussière jaune. Ce sont pourtant des fleurs, mais non des fleurs comme on l'entend généralement, composées d'une corolle éclatante enveloppée dans un calice vert de même nature que les feuilles.

Dans ces fleurs on remarque quatre parties bien distinctes: 1.° le *calice*, 2.° la *corolle*, 3.° le *pistil*, 4° les *étamines* et sans vous faire un cours de botanique, je vous dirai que ces deux derniers organes, le pistil et les étamines sont les instruments principaux de la reproduction. Les étamines portent à leur extrémité cette poussière jaune que je vous ai fait remarquer dans le blé! A un certain moment de la végétation, cette poussière se détache vient tomber sur le pistil qu'elle féconde, cette fécondation se communique le long de la tige du pistil jusqu'à sa base, où se trouvent les *ovaires* contenant des œufs ou graines qui, en se développant, deviennent propres à former une plante semblable à celle qui leur a donné naissance. Cette poussière jaune s'appelle le *pollen*.

Les organes dont je viens de vous parler ne se retrouvent pas aussi facilement dans toutes les fleurs, mais partout elles existent d'une manière plus ou moins visible, plus ou moins sensible.

Aucune plante ne peut se développer si elle ne reçoit l'influence de l'eau, de l'air, de la chaleur.

L'air, est un corps qui contient l'azote et l'oxigène. Ces deux éléments sont tellement nécessaires aux plantes que lorsque par une cause ou par une autre elles en demeurent privées, elles s'étiolent et meurent.

C'est l'air qui leur fournit l'humidité et la chaleur dont elles ont besoin pour germer, c'est aussi dans l'air que les feuilles puisent l'azote et l'acide carbonique.

L'eau est un des agents les plus énergiques de la végétation. C'est elle qui dissout, qui délaie la nourriture des végétaux et la transporte dans toutes leurs parties.

L'eau de pluie est celle qui leur convient le mieux parce que en tombant, elle prend en passant dans l'air, des qualités nouvelles. De plus elle s'est bien dégourdie et échauffée avant d'arriver jusqu'à nous et elle ne refroidit pas brusquement les plantes, comme le ferait l'eau de puits ou de rivière.

» L'eau donne aux plantes qui en ont été privées pendant quelques temps une vigueur nouvelle ; elle les relève et guérit même quelquefois celles que l'on croyait perdues pour toujours.

» La gelée produit sur la terre de bons ou de mauvais effets selon son intensité et sa durée. La terre se refroidit, devient dure ; rocailleuse, les plantes restent stationnaires.

» Si la gelée détruit quelquefois les plantes, elle purifie l'air et fait mourir des myriades d'insectes nuisibles. Sans elle des maladies continuelles frapperaient les hommes et les animaux. — C'est ce que vous voyez toujours après un hiver humide et doux. — Sans elle, les insectes pulluleraient et les plantes qui auraient été épargnées par le froid n'échapperaient pas à leur voracité.

» Donc si l'hiver, dans certains cas, est une calamité, c'est toujours un bienfait.

» Mais si l'hiver amène la gelée, il amène aussi la neige qui est comme le manteau dont les plantes se couvrent pour se mettre à l'abri des grands froids, et qui, en se fondant, détruit encore des milliers d'animaux destructeurs.

» Le cultivateur le sait bien, aussi ne manque-t-il point de dire :

« Bonne neigée vaut de l'engrais. »

» Pendant l'hiver, la terre est endormie, mais vienne le printemps, vienne la chaleur, la nature entière se réveille, vivifiée par les premiers rayons du soleil.

» Sans la chaleur, en effet, point de végétation possible, point de mouvement dans la sève qui est le sang des plantes, point de boutons, point de fleurs. Avec elle au contraire, tout germe, tout sort de terre. Les boutons se forment, les fleurs épanouissent leurs riches corolles. Dieu d'un coup de sa baguette transforme la terre en un magnifique tapis de verdure.

» Mais je m'écarte, ma tâche est accomplie, il ne m'appartient pas d'aller plus loin. M. Dumont voudra bien, sans doute, vous continuer la leçon et vous parler de ses fourrages car je vois ses faucheurs qui vont reprendre leur travail.

CHAPITRE XIII.

DES PLANTES FOURRAGÈRES.

M. DUMONT. — Après les excellentes choses que votre digne maître vient de vous dire, je n'ai plus rien à ajouter. Vous avez maintenant une idée suffisante du mécanisme de la végétation. Les explications qui vont suivre vous sembleront plus claires, vous les comprendrez plus aisément. Je puis donc vous parler de la culture des plantes, et, comme l'a dit M. Durand, suivons les faucheurs et occupons-nous des fourrages.

» La coupe est bonne, mes amis, ne trouvez-vous pas que les bêtes auront là une excellente nourriture?... Quel parfum! Quel moelleux! Comme les vaches et les chevaux vont s'en donner! Espérons que la fenaison sera heureuse, rien du moins jusqu'à présent ne nous fait présager le mauvais temps.

» Vous reconnaissez sans doute cette plante ; c'est du trèfle. Il y en a de plusieurs espèces dont les principales, cultivées dans cette contrée sont le trèfle blanc, le rouge et l'incarnat ou farouch. Presque tous les terrains leur conviennent à moins qu'ils ne soient excessivement pauvres et légers, et ils peuvent y revenir tous les cinq ou six ans.

» Ce trèfle a été semé l'an dernier avec de l'orge, car vous saurez qu'il ne se sème presque jamais seul et qu'il n'a besoin par cela même d'aucun soin. Il vient également bien dans le froment, le lin, le sarrazin.

» Lorsque l'on sème des trèfles dans d'autres récoltes, il faut toujours avoir soin de ne le faire que lorsque les plantes sont levées, de manière à ce qu'ils ne soient point trop forts lorsque arrivera le moment de la maturation, et n'empêchent la récolte principale de sécher par la base.

» L'an dernier, le trèfle que l'on fauche en ce moment ne m'a pas fourni de coupe; mais vous le voyez, cette année, il est magnifique.

» Je vous ai fait voir dans les premiers jours de mai des ouvriers qui semaient du plâtre. Voici six semaines de cela et le champ n'est plus reconnaissable ; ne vous l'avais-je point prédit? C'est peu de chose que deux hectolitres de plâtre par hectare, et cela produit de très-bons effets.

» Je ne demande jamais plus de deux coupes à mes trèfles, j'attends la deuxième année et je suis récompensé de ma patience par une récolte plus abondante et un regain fort convenable.

» Dans les terres argileuses, on obtient de bons fourrages en répandant, vers le mois de février, sur les jeunes pousses, des terres imprégnées d'urines de bétail et de chaux. C'est là un excellent procédé que j'ai mis souvent en pratique et qui m'a toujours réussi.

» Le trèfle blanc dure autant que l'on veut, c'est-à-dire qu'il est vivace ; mais comme on le coupe rarement pour servir en fourrage sec, on le fait pâturer et on ne le laisse d'ordinaire pas plus longtemps que les autres. Cormont a cependant fait faucher le sien et il aura ma foi, une fort belle récolte.

» Quinze kilogrammes de graine me suffisent pour ensemencer un hectare, et d'après mon appréciation, je pourrai récolter, cette année, 1,000 à 1,200 bottes de 5 kilogrammes à la première coupe, et environ six à sept cents bottes au regain.

UN ÉLÈVE. — Monsieur, veuillez me dire ce que l'on jette là-bas sur ces pommes de terre ?...

M. DUMONT. — Mon ami, on les arrose avec du purin et le produit des latrines ; c'est un excellent procédé. Les pommes de terre y gagnent beaucoup. Je vous en parlerai plus au long lorsque nous serons arrivés à la culture de ce tubercule. Voilà encore là-bas un de mes ouvriers qui sème de la navette et enfin près de vous on sème les navets de juin. Comme j'aurai à vous entretenir plus tard de ces plantes, je ne vous en dirai rien en ce moment.

» Après le trèfle, mes amis, une des meilleures plantes fourragères, c'est la luzerne. Je viens d'arracher une plante avec sa racine. Regardez donc comme elle est longue et comme elle va puiser profondément dans le sol la nourriture qui lui convient. Vous en conclurez sans doute, avec moi, que la luzerne veut une terre bien ameublie et profondément labourée.

» Ce terrain avait réuni toutes ces conditions. Bien fumé,

bien labouré, bien arrosé surtout, avec de l'engrais liquide que vous avez vu transporter au mois de mars, cette luzerne ne pouvait manquer de devenir belle.

» La luzerne se sème à raison de vingt-cinq kilog. de graine par hectare. La première coupe se fait dans les premiers jours de juin.

» Une luzernière n'est en plein rapport que la troisième année et fournit dès-lors trois coupes remarquables.

» Pour entretenir cette production il est bon de répandre, en automne, après chaque dernière coupe, des débris de fumier ou des engrais liquides et, si l'on en a, des composts de terre arrosés d'eau de lessive.

» De cette manière la pousse du printemps est plus rapide et mieux fournie, le fond du terrain s'épuise moins et la luzernière peut durer dix à douze ans, au lieu de sept à huit au plus.

» Au printemps, on donne un vigoureux coup de herse, afin de faciliter l'introduction de l'air et de la chaleur et de favoriser le développement des plantes.

» Aussitôt qu'une récolte est enlevée, il faut arroser immédiatement le champ avec du purin très-étendu d'eau.

» A ceux qui me diront : « Ce sont toujours des fumiers, des charrois, de grandes dépenses, » je répondrai par ma récolte comparée à la leur.

» La première coupe est donnée en fourrage vert en prenant des précautions car les bêtes en sont très-avides, et si les fourrages étaient humides, ils finiraient par les météoriser. Je vous parlerai plus tard de cette affection.

» Si la luzerne est la plus productive des plantes fourragères, elle est loin d'avoir les excellentes qualités des foins, des trèfles et des sainfoins.

Elle fournit, en effet, aux vaches, un lait peu délicat et peu riche en beurre.

» La *lupuline* est une espèce de luzerne bien connue sous le nom de *minette*. Elle n'est pas difficile sur le choix d'un terrain et donne un fourrage de bonne qualité.

» Elle se sème au printemps avec l'orge et l'avoine de mars, à raison de vingt kilogrammes de graine par hectare. On recouvre par un coup de herse. Dès l'année suivante, on peut la récolter.

» La lupuline donne un produit plus considérable que le trèfle, elle peut fournir 2,000 à 2,400 bottes à la première coupe, et elle n'a pas comme le trèfle le défaut de météoriser lorsqu'elle est consommée en vert.

» Deux ennemis redoutables font la guerre aux plantes dont je viens de vous parler. Ce sont la *Cuscute* et l'*Orobanche*.

» Pour les détruire, dès qu'on les aperçoit, il faut couper la partie du fourrage qui en est infestée, tout près de terre, afin que la graine ne mûrisse pas; puis on répand de la chaux vive qui attaque les tiges ainsi coupées tout en donnant une nouvelle vigueur au fourrage.

» Le sainfoin est un fourrage précieux non-seulement en raison de son rendement et de ses excellentes qualités, mais encore à cause de sa sobriété. Il se plaît dans les terrains les plus arides, dans les terres calcaires où la luzerne et le trèfle ne viendraient point; il pousse même dans les fentes des rochers. A tous ces titres le sainfoin est, pour certaines contrées de la France, une richesse véritable.

» Au mois de mars je me procure quelques hectolitres de bonne semence; je la répands dans une terre calcaire avec de l'orge ou de l'avoine, puis j'enterre par un bon coup de herse, la graine étant assez grosse.

» Autant que possible il ne faut semer que la graine qui a été récoltée l'année précédente, parce qu'elle perd vite ses qualités germinatrices, et qu'en en prenant de plus vieille on risquerait de manquer sa récolte.

» Le sainfoin ne donne qu'une bonne coupe. Le regain est toujours si petit que j'ai l'habitude de le faire pâturer. Il y a pourtant une variété de sainfoin qui fournit deux bonnes coupes. On l'appelle sainfoin chaud, et il est préféré à l'autre pour son produit plus abondant. C'est celui que je cultive le plus particulièrement.

» Une prairie artificielle de sainfoin peut durer six à sept ans si elle est bien entretenue. En voici une de la 2.e année, vous voyez qu'elle est belle et bien fournie.

» Au printemps il est bon de donner un vigoureux coup de herse et de répandre du plâtre en poudre. Par ce moyen, on obtient, chaque année, deux bonnes coupes qui compensent bien la peine que l'on s'est donnée et les frais que l'on a dû faire.

Les bestiaux recherchent le sainfoin avec avidité surtout lorsqu'il est vert.

» L'*Hivernage* que l'on emploie soit en vert, soit en fourrage sec, à la nourriture des bestiaux, est un mélange de vesces et de seigle. On le sème vers la fin de septembre, commencement d'octobre après l'avoine, le froment ou les betteraves, et après un seul labour.

» En voici un champ de près deux hectares sur lequel j'ai mis 60 litres de vesces et 180 litres de seigle. Je crois ne pas me tromper en portant à 15 et 1,800 bottes de 3 kilogrammes, la récolte que je vais en retirer. C'est du moins ce que j'ai obtenu l'an dernier. C'est un bon fourrage, très-nourrissant et assez recherché des bêtes.

CHAPITRE XIV.

PRAIRIES NATURELLES.

» Maintenant que nous avons passé en revue toutes mes prairies artificielles, je vais, si vous n'êtes pas trop fatigués, vous conduire le long de la rivière où je vous montrerai mes prairies naturelles.

LES ÉLÈVES. — La fatigue s'oublie vite, monsieur, lorsque l'on vous écoute. Vos leçons nous intéressent tant que nous ferions volontiers pour vous entendre le double du chemin que nous avons fait aujourd'hui. Du reste, nous sommes jeunes, et nous pouvons supporter cela. Mais nous ne pensons qu'à nous. Peut-être abusons-nous de votre complaisance.

M. DUMONT. — Mes amis, Dieu m'a donné une santé robuste dont je n'ai jamais abusé par aucun excès dans ma jeunesse. Les sains travaux, les occupations agréables de la campagne, l'air pur et la tranquillité dont on y jouit ont entretenu en moi une force et une santé peu communes dans un âge aussi avancé. Je n'éprouve aucunement le besoin de me reposer et nous pouvons reprendre notre promenade et nos explications.

» J'ai remarqué que les terres un peu légères qui n'ont pas un sous-sol humide, les terrains formés par les transports des terres aux bords des fleuves, des rivières, les terrains provenant des marais desséchés qui ont été énergiquement assainis sont très-propres à devenir d'excellentes prairies naturelles.

» Voici, par exemple, un terrain marécageux assaini depuis trois ans. Il y a deux ans j'y ai semé vers mars ou avril ma prairie dans de l'avoine. L'automne dernier j'aurais pu obtenir une assez jolie coupe ; mais j'ai préféré y faire pâturer mes moutons.

» Ne croyez pas que ce soit chose facile que de faire une bonne prairie naturelle. Le pré qui cotoie le mien, c'est le pré Geffrart. C'est la même terre, elle a été drainée et assainie comme la mienne et cependant voyez quelle énorme différence entre l'une et l'autre.

» Geffrart dit que c'est un sort ; non, ce n'est pas un sort. S'il avait fait comme moi pâturer ses moutons au lieu de faucher la première année, il aurait donné du pied aux racines, elles auraient bien gazonné et de plus les moutons auraient amendé sa terre par leurs excréments.

» Si Geffrart, au lieu d'acheter de la poussière de foin était allé comme moi à la ville, choisir les graines qui convenaient à sa terre, il n'aurait pas aujourd'hui dans son pré autant de mauvaises herbes que de bonnes.

» Je n'ai pas regardé, moi, à payer un peu plus cher, aussi j'en suis bien récompensé aujourd'hui.

» Connaissant la nature de mes terres, j'ai su immédiatement que les plantes qui y croîtraient le mieux étaient la *fléole des prés*, le *vulpin*, le *pâturin des prés*, la *fétuque élevée* et le *trèfle rampant*, qui conviennent beaucoup aux terres un peu humides, j'y ai ajouté des vesces, du trèfle et de la luzerne.

» En agriculture, mes enfants, on est toujours payé au centuple des sacrifices que l'on a faits. Je le leur répète toujours ; je leur dis : « Regardez donc mes champs ! » Bah ! j'ai un secret, ils n'en démordent pas.

» J'ai donné à Geffrart le conseil de rompre son pré et de mettre, la première année, du lin ou des pommes de terre sur un labour suivi de plusieurs hersages, comme je l'ai fait moi-même dans la prairie qui est de l'autre côté de la rivière et qui avait été attaquée de la mousse. La 2.e année il aurait pu semer des betteraves, des carottes, des navets, de l'orge, de l'avoine avec des graines de pré bien choisies, de manière qu'au bout de trois ans sa prairie eût été renouvelée et il aurait fait en attendant deux belles récoltes. — Il ne veut pas m'écouter. Cependant le conseil était bon, il avait encore devant lui le précepte et l'exemple, puisque je venais de le faire moi-même. Il paraît que cela ne lui suffit pas. Ah! c'est que l'on a beaucoup de mal à faire le bien quelque fois.

» Mes amis, nous avons beaucoup étudié aujourd'hui. Je crois qu'il serait temps de terminer ce long entretien. Votre esprit trop longtemps tendu commence à se fatiguer. J'ai eu tort; il vous faut un peu de repos. La journée est encore longue; venez jusqu'à la ferme vous pourrez vous y livrer à vos jeux. Il ne manque pas de place pour faire une bonne partie de barres. Lorsque vous serez fatigués de courir, vous n'oublierez pas de venir prendre un peu de laitage que je vais faire préparer pour vous.

» J'emmène avec moi mon vieil ami, M. Durand, je n'ai pas besoin de vous recommander de vous distraire avec convenance. Nos vieilles jambes commencent à réclamer un peu de repos, et notre estomac un verre de vieux vin. Nous vous laissons seuls, vous êtes assez bien élevés pour n'avoir pas besoin de l'œil du maître pour vous bien conduire. A tantôt, mes amis.

DEUXIÈME PROMENADE DE JUIN.

CHAPITRE XV.

LA FENAISON.

» Vous avez eu, mes chers amis, une heureuse inspiration en venant aujourd'hui me rendre visite. Les ouvriers sont en pleine fenaison. On fane les fourrages et l'on rentre même déjà des foins bien secs. J'allais partir aux champs lorsque vous êtes arrivés; tous mes préparatifs sont faits; vous pouvez me suivre.

» A votre dernière visite à la ferme vous avez vu faucher la luzerne et les trèfles. Je ne reviendrai pas sur cette opération si simple; partout on se sert de la faux; c'est l'instrument le plus expéditif.

» Je vous rappellerai seulement que vous avez vu les faucheurs faire des lignes de fourrages nommées *andains*.

» Ces andains, lorsqu'ils ont été abattus le soir, restent sur terre jusqu'au lendemain vers dix heures, pour que le soleil ait le temps de dissiper la rosée. Lorsqu'ils paraissent suffisamment ressuyés, les ouvriers viennent avec des fourches de bois à deux dents les retourner, comme vous le voyez faire en ce moment. Le temps ne paraissant pas se mettre à la pluie, on pourra dès demain diviser et étendre le fourrage afin qu'il puisse recevoir plus directement les rayons du soleil et sécher plus promptement.

» L'opération du fanage demande beaucoup de soins et une certaine intelligence.

» Vous avez déjà remarqué que les bestiaux rebutent quelquefois le foin qu'on leur donne, si vous en avez recherché la cause vous aurez pu voir que ces foins étaient blanchis par le soleil, humides ou noirâtres et sans parfum. La difficulté est de conserver au fourrage toutes les qualités qui le font rechercher des bêtes, de lui laisser sa couleur, sa souplesse et son parfum.

» Pour arriver à ce résultat, on doit observer que le fourrage séché à l'ombre garde sa belle apparence, tandis que celui qui reste exposé trop longtemps aux rayons du soleil devient blanchâtre, sec et cassant. Relevez ce tas et regardez au fond; la dessiccation est presque opérée et à la vue on ne s'en douterait même pas. Remarquez maintenant le dessus; quelle différence! On dirait des bâtons. Mais comment faire pour sécher ses fourrages à l'ombre?

» La chose est bien facile. Faites des tas aussi épais que possible, ne les retournez qu'autant que vous craignez la pluie et ne les étendez pas. Lorsque le premier coté aura reçu un commencement de dessiccation retournez alors votre tas et laissez-le sécher pendant une bonne demi-journée de soleil. Faites alors de petits meulons peu élevés que vous étendrez tous les matins et que vous rétablirez tous les soirs avant la fraîcheur, jusqu'à ce que, toute l'eau étant disparue, vous puissiez en faire des tas plus gros qui resteront encore quelque temps sur le champ avant d'être entrés au fenil.

» Voici du reste les faneurs qui travaillent de tous côtés. C'est un charmant coup-d'œil, n'est-ce pas, mes amis? quel mouvement! comme c'est gai et vivant!

» Ce n'est pas dans nos villes que vous trouverez des tableaux si gracieux. Là, l'horison est borné par les hautes maisons qui vous permettent à peine de voir au-dessus de votre tête un tout petit fragment du ciel.

» Regardez, par ici on éparpille les andains que l'on mettra ce soir en meulons. Là-bas on étend les meulons qui ont été faits hier soir. De l'autre côté on charge du foin sec.

» Venez avec moi, j'ai à vous faire une observation. . . .

» Ce trèfle est fauché depuis une couple de jours, et on défait seulement les andains pour en faire de petits tas qui resteront là jusqu'après-demain. Lorsqu'ils seront plus d'à-moitié secs, j'en réunirai plusieurs ensemble afin d'en faire un meulon d'environ 2 mètres de hauteur. Ces meulons ne seront pas tassés afin que l'air et la chaleur puissent les pénétrer facilement et sécher complètement le fourrage.

» Voici du trèfle qui appartient à M. Duthoit. N'est-ce pas vraiment dommage de détruire ainsi de sang-froid une belle et riche récolte?.... Je le lui ai dit : « Duthoit, vous savez que l'an dernier vous avez manqué vos foins, j'espère que cette année vous serez plus prudent et que vous opérerez comme moi. » Eh! bien, malgré cela, il n'est pas encore corrigé. Il veut trop hâter la dessiccation ; il étend son fourrage en couches trop minces. Aussi, voyez, tout est brûlé, les fleurs et les feuilles qui sont la partie la plus délicate de la plante, sont toutes noircies, elles s'éparpillent en poussière sur la terre et il ne rapportera chez lui que des tiges coriaces que le bétail ne voudra pas manger.

» Mais Duthoit, lui ai-je dit encore, pourquoi vous pressez-vous tant ? — Et la pluie donc, M. Dumont, vous ne la craignez pas vous, Mathieu Laensberg l'annonce pour après-demain. Si elle me détruisait tout..., j'aime encore mieux cela que rien.

» Ce qui n'empêche pas que voilà deux années de suite que vous craignez la pluie qui ne vient pas, et que vous faites la plus triste récolte du pays, tandis que tout le monde en fait une magnifique. Quant à M. Mathieu Laensberg, voilà 20 ans, qu'il vous ment comme un arracheur de dents; voilà 20 ans, peut-être plus, que vous constatez du beau temps les jours où il indique la pluie, et de la pluie lorsqu'il vous indique du soleil, et vous y croyez toujours. Voyons, Duthoit, à quoi pensez-vous donc ?

— Que voulez-vous, M. Dumont, depuis mon enfance je suis habitué à cet almanach. On m'a toujours dit qu'il était bon ; mais du moment que vous me certifiez le contraire, je n'y croirai plus, je n'en achèterai plus, et définitivement je m'aperçois bien qu'il vaut mieux vous croire et faire comme vous, que de demander conseil à M. Mathieu.

— A la bonne heure, Duthoit, que n'avez-vous toujours parlé et agi ainsi, vous seriez un peu plus riche aujourd'hui.

— C'est vrai, monsieur ; mais ce qui est fait est fait et on ne m'y prendra plus. Je vous promets que dans quelques années d'ici vous serez le seul almanach que l'on consultera pour connaître le temps propice aux divers travaux des champs. Moi, l'an prochain, je risque une dent, je fais comme vous, et si je ne réussis point, c'est que vous ne réussirez pas non plus . . . .

» Suivons cette voiture qui vient d'être chargée et allons voir comment on va mettre le fourrage en meules et au fenil.

» Je n'aime pas beaucoup à faire des meules, quoique le foin s'y conserve mieux et ne perde pas aussi facilement son arôme que dans le fenil, parce que l'on court trop de risques de pertes et d'avaries par l'eau, l'humidité et le feu.

» Cependant cette année la récolte a été tellement abondante que je vais être obligé d'en établir plusieurs.

» Vous voyez comment cela se fait, nous n'avons pas le temps de nous arrêter à des explications aujourdhui. Retenez seulement ce que vous aurez vu ; nous aurons occasion de revenir sur cette question.

» Le fenil sera bientôt rempli, j'ai cependant beaucoup de

fourrage à rentrer encore. Ne nous plaignons pas de ce qui est un bienfait.

« Les ouvriers tassent fortement avec leurs pieds à mesure qu'on les leur jette, les bottes de foin, afin de les soustraire le plus possible à l'humidité et à la poussière qui communiqueraient un goût fort désagréable. Je vous assure qu'il fait chaud là-haut, sous les pannes. Le manque d'air, la poussière qui s'élève pendant que l'on tasse le fourrage, le soleil qui darde sur le toit; le mouvement continuel du corps, tout concourt à rendre la position de l'ouvrier intolérable. Aussi je veux qu'à chaque charretée ils se relaient de telle sorte que ceux qui étaient en haut reviennent en plein air, en bas, tandis que ceux du bas remontent à leur tour.

» Qu'un bon bourgeois les voie à cette rude besogne il s'écriera : Que ces ouvriers sont malheureux, que leur vie est dure, quels travaux accablants! Ah! que non, monsieur, ces gens-là supportent très-bien ce travail. Dieu leur a donné force et courage. Ils ont bon pain, bon air, avec cela ils peuvent braver la fatigue. Avez-vous déjà vu l'ouvrier travaillant dans sa filature? C'est là qu'il faut aller voir et vous pourrez dire alors : « Que ces ouvriers sont malheureux ! » et vous aurez raison.

» Pour en finir des explications relatives aux fourrages, je vous dirai que celui qui, par une cause ou par une autre vient à déplaire, doit être secoué à l'air et y rester exposé pendant quelques heures, après quoi on peut le tremper dans de l'eau salée. Ce procédé peu coûteux, rend aux fourrages les qualités qu'ils avaient perdues et remet les bêtes en appétit.

» Vous avez peut-être remarqué que tous mes foins sont bottelés, par ce moyen je me rends mieux compte de ma récolte et de la consommation journalière de mes bêtes que je puis facilement régulariser.

» Dans quelques jours, si toutefois le temps le permet,

nous aurons à passer en revue des plantes plus importantes puisqu'elles servent directement à notre nourriture et à notre bien-être. Cependant n'oubliez jamais que sans fourrage point de bestiaux, point de fumier; sans fumier pas de culture possible. C'est ainsi que tout s'enchaîne dans la nature, c'est ainsi que toute chose a son utilité en agriculture, et si cette utilité ne se dévoile pas toujours du premier abord, elle se fait bientôt sentir lorsqu'on est appelé à en faire usage.

PROMENADE DE JUILLET.

CHAPITRE XVI

CULTURE DES PLANTES OLÉAGINEUSES ET TEXTILES.

LE COLZA.

M. DUMONT. — M. Durand avec qui je m'entretenais de vous hier soir, me disait, mes amis, que vous aviez bien mis à profit les huit jours qui se sont écoulés depuis votre dernière visite à la ferme. La plupart d'entre vous ont même pu retenir assez convenablement mes explications pour en faire un résumé fidèle. Je suis ravi d'un tel succès et je ne puis assez vous témoigner ma satisfaction de l'attention que vous prêtez à mes leçons.

Le plaisir que j'en éprouve me rendra léger le sacrifice que je vous fais de mes moments les plus précieux, dans une saison où de tous côtés on appelle ma présence. Continuez à vous en montrer dignes, Dieu accorde tout au travail et à la persévérance et je puis vous prédire que plus tard, le succès couronnera toutes vos entreprises.

J'avais pensé d'abord à vous parler des céréales, mais je me suis souvenu que mes colzas allaient être bientôt enlevés et qu'il valait mieux vous les faire voir en premier lieu, afin de vous donner toujours l'exemple à côté du précepte. N'est-ce pas ainsi que l'on apprend le mieux?....

LES ÉLÈVES. — Oui, Monsieur, parce que nous comprenons plus facilement les détails qui nous sont donnés et qu'ils se gravent plus profondément dans notre mémoire.

M. DUMONT. — Vous le voyez, mes amis, les champs sont encore couverts d'ouvriers. Ah! c'est que le cultivateur n'a plus de temps à perdre en ce moment. Les travaux des champs ne discontinueront plus jusqu'en Décembre. Il faut marcher, ordonner, travailler, visiter. On devrait pouvoir se multiplier, avoir cent yeux, tout voir, être partout à la fois.

Ma promenade ne m'enpêchera pas heureusement de donner mes ordres, j'irai un peu moins vite, voilà tout.

Voyez quelle belle récolte! Quels magnifiques colzas j'ai obtenus! Ne vous l'avais-je pas annoncé au mois de Mars dernier. C'est, qu'après Dieu, j'avais tout fait pour réussir. J'ai sacrifié de l'argent, mais j'en retire aujourd'hui les intérêts et quels intérêts!...

Je vous le répéterai toujours, la terre nous rend en écus ce qu'on lui a donné d'oboles. Donnez lui donc le plus d'oboles possible afin qu'elle vous rende tous les écus qu'elles auront produits.

Le colza aime une terre riche, profonde, bien divisée et bien fumée. Ce n'est pourtant pas une plante exigeante. Dans les terrains de médiocre qualité, elle m'a déjà fourni des récoltes assez belles. On le fait ordinairement venir après le lin, les pommes de terre, l'escourgeon ou l'avoine.

Voici comment on prépare sa terre avant de le repiquer.

Aussitôt la récolte enlevée, on donne un bon coup de scarificateur pour déchaumer, c'est-à-dire pour enterrer les éteules, puis on fait transporter du fumier de mouton mélangé avec un peu de cendres de bois ou de la chaux éteinte, que l'on enterre par un labour de 15 centimètres de profondeur. La terre se repose ensuite pendant quelques jours après quoi on passe la grosse herse de fer pour briser les mottes. Quelques jours après on donne un nouveau labour, qui divise le champ par planches de 8 sillons que l'on égalise par le passage de la herse renversée.

Dans les premiers jours d'Octobre on fait transporter 5 à 600 hectolitres d'engrais-flamand, ainsi que l'indique M. Kuhlmann dans la rotation dont je vous ai parlé, après quoi l'on plante le colza de telle sorte que les pieds soient espacés de 10 à 12 pouces, et les lignes de 15 à 18.

Au milieu du mois de Novembre, on fait vider les rigoles d'écoulement, entre chaque planche, et l'on place les terres qui en sont extraites sur les bords. Cette opération a pour double but de faciliter l'écoulement des eaux provenant des pluies et des fontes de neige, et de mettre le colza à l'abri des rigueurs des gelées et des vents du Nord.

Vous savez, sans doute, comment on repique le colza. Je vais l'expliquer en deux mots pour ceux d'entre vous qui ne l'auraient pas encore vu faire.

Un ouvrier armé d'un plantoir à pointe de fer triangulaire qu'il fiche en terre et qu'il balance, d'avant en arrière pour agrandir les trous, passe en avant; des femmes et des enfants le suivent et introduisent dans chacun de ces trous un pied de colza, en ayant soin de ne pas plier l'extrémité des racines, puis ils tassent fortement la terre alentour par un coup de talon.

Le colza que l'on fait repiquer se sème en pépinière dans le courant de Juillet, par un temps humide, à raison de deux litres par hectare. On en obtient des plantes pour environ trois hectares. Le reste, s'il y en a, est séché et donné aux bestiaux qui en sont très-avides, il détermine chez les vaches la production d'un lait abondant et exquis.

Au mois de Mai le colza réclame un bon binage, cela coûte peu et fait un bien extraordinaire aux plantes en détruisant les herbes qui les épuisent et en ameublissant la terre qui reçoit mieux l'influence de l'air et de la chaleur.

Jusqu'au moment de la récolte, il ne demande plus aucun soin.

Lorsque les siliques commencent à jaunir, on doit se hâter de faire couper le colza, car si l'on attendait trop longtemps, l'ébranlement produit à la tige par la faucille lui ferait perdre une grande partie de sa graine, tandis que les transports que l'on fait subir à la plante emporteraient le reste.

Il y a quatre jours que mon colza est coupé. Depuis ce temps il est en javelles et il y restera jusqu'au moment de le battre.

Déjà le terrain est préparé pour le battage, et la toile est étendue pour recevoir les javelles que les ouvriers dégarniront de leurs graines.

Quelques cultivateurs ont l'habitude de faire transporter leur colza pour le battre dans leurs granges. Ce procédé peut être bon lorsque les pluies ne discontinuent point, mais il fait perdre, quelque précaution que l'on prenne, une quantité considérable de semences. On ne doit donc en user que dans les cas où la terre trop détrempée ne permettrait pas de battre dans les champs.

L'opération du battage est bien simple et bien facile à exécuter. Des femmes et des enfants vont prendre délicatement, sans les ébranler, les javelles et les apportent sur la toile. Des ouvriers battent les tiges avec des bâtons jusqu'à ce que toutes les siliques soient complètement vides. La paille est alors retirée avec un rateau, et le grain encore impur transporté dans le tarare où il est vanné avant d'être transporté à la ferme.

COLZA DE PRINTEMPS.

Lorsque le colza d'hiver a été détruit par les gelées ou par toute autre cause, on peut le remplacer par du colza de printemps.

Celui que vous voyez couper là-haut a été semé en Mars; vous avez même dû voir transporter la courte-graisse qui lui a servi d'engrais. La culture en est la même que la précédente, seulement on le sème à la volée après deux labours au printemps, et l'on enterre par un hersage croisé.

Remarquez que la récolte est loin d'être aussi abondante que celle que fournit le colza d'hiver.

L'insecte le plus nuisible au colza est l'*Altise*. Il existe plusieurs moyens de la combattre et de la détruire.

Je me suis toujours bien trouvé de l'emploi du savon dissous dans l'eau, contenant des cendres et de la suie.

Cependant il y a un moyen plus efficace encore, c'est d'arroser les plantes avec un mélange d'eau de savon et d'urine putréfiée, ce qui est en même temps un engrais pour la terre.

Les limaces ravagent aussi quelquefois les champs de colza, on les détruit en semant de la chaux vive qui tue toutes celles qui en sont atteintes. Il est bon de recommencer cette opération une deuxième fois.

Aussitôt la récolte enlevée on fera bien de donner un vigoureux coup d'extirpateur et de le répéter même plusieurs fois si la terre est tenace, dure et rocailleuse. On fait suivre de deux coups de binot à deux versoirs, à 10 ou 15 centimètres de profondeur, afin de préparer la terre pour le blé qui sera semé en Octobre.

LA NAVETTE.

La navette se cultive exactement comme le colza de Printemps et demande les mêmes fumures. Elle est beaucoup plus hâtive et peut être semée en Juin, deux mois suffisent à sa croissance. Elle fournit une huile moins abondante mais d'une qualité supérieure à celle du colza. On peut même s'en servir sur les tables lorsqu'elle est bien purifiée.

On peut aussi semer la navette comme récolte d'hiver après le seigle ou l'avoine, à raison de 10 à 12 litres par hectare. Avant les gelées et au printemps, on éclaircit en donnant un bon binage de manière à ce que les pieds demeurent définitivement espacés de 25 à 30 cent. en tous sens.

J'ai fait une observation que je considère comme très-importante, c'est que le blé ne réussit jamais après une pauvre récolte de navette, et que l'on obtient au contraire une récolte magnifique lorsque la navette a été abondante.

Si vous voulez me suivre, je vais vous conduire par le haut du calvaire où je possède un beau champ de lin que je veux vous faire voir.

LE LIN.

De toutes les plantes oléagineuses cultivées dans nos contrées la plus importante, mes amis, c'est sans contredit celle que vous avez en ce moment sous les yeux.

Les terres qui conviennent le mieux au lin sont les terres franches plutôt sableuses qu'argileuses, et les récoltes auxquelles il doit succéder sont le blé, le trèfle, l'avoine, les pommes de terre; mais il vient surtout très-beau après les pâtures et les prés rompus.

Avant l'hiver, la terre destinée à le recevoir doit être préparée par un labour assez profond afin de bien l'ameublir, puis à la fin de Février, par un temps bien sec on en donne un deuxième moins profond que le premier. Pendant quatre à cinq jours la terre s'est reposée, au bout de ce temps elle a été hersée en tous sens et roulée afin de la pulvériser. Après un nouveau repos, lors que les mauvaises herbes ont commencé à se montrer, elle a reçu un nouveau coup de herse pour les détruire, car le lin demande une terre bien propre et bien préparée.

Lorsque le moment des semailles est arrivé, on herse une dernière fois la terre. Ainsi préparée et ameublie on peut lui confier la semence.

Le lin n'aime pas le fumier nouveau, il préfère le fumier très-décomposé. Les terres qui en ont reçu à la récolte précédente lui conviennent beaucoup.

Il faut environ deux hectolitres de graine par hectare. On sème par un temps humide et l'on fait suivre d'un coup de rouleau, ou bien l'on recouvre par le passage de la herse renversée ou du traineau.

Le lin demande beaucoup de soins pendant sa croissance. Dès que les plantes ont atteint 2 à 3 centimètres, cinq au plus, des enfants vont recueillir les mauvaises herbes qui en retarderaient la croissance et finiraient par l'étouffer. La même opération se recommence si l'on a des bras disponibles quelques semaines plus tard.

Le lin de même que le colza doit s'arracher lorsqu'il est presque mûr, car il pourrait perdre beaucoup de ses graines si l'on attendait la maturité complète. La filasse du reste est de meilleure qualité quand on ne l'a pas laissée sécher trop longtemps sur pied.

Voici, mes amis, comment on procède à l'arrachage.

Chaque ouvrier prend entre ses mains une poignée de lin qu'il arrache et qu'il divise ensuite en deux parties, à peut près égales, qu'il place en croix sur la terre. Au bout de deux jours on relève les javelles et on les plante sur le sol de manière à ce que les racines se trouvent en bas, écartées en forme de cône. On attend dans cet état que le lin finisse de sécher, puis on le transporte à la ferme.

Pour obtenir la filasse qui entoure la tige on est obligé de mettre le lin par bottes dans des mares nommées routoirs, ou dans les fossés qui bordent les champs. Il reste dans l'eau jusqu'à ce que l'on reconnaisse à certains signes, par exemple lorsque les tiges se brisent facilement, que l'on pourra sans peine en détacher la filasse.

Les bottes sont alors retirées, ouvertes et étendues sur la terre pour les faire sécher après quoi on les fait teiller.

UN ÉLÈVE. — Je désirerais savoir, Monsieur, en quoi consiste cette opération?...

M. DUMONT. — Le teillage consiste à briser, au moyen d'un instrument cannelé appelé broie, les pailles autour desquelles est collée la filasse, afin de les disposer à tomber plus facilement lorsqu'on l'écanguera.

Pour écanguer le lin on se sert d'une planche de bois de 1 mètre 20 cent. de hauteur, posée perpendiculairement dans un madrier qui lui sert de pied. Le lin est placé dans une fente coupée horizontalement dans la planche, à la hauteur de 80 centimètres et se trouve couché contre elle d'un côté, tandis que l'ouvrier tient l'extrémité par derrière. Alors, à l'aide d'un couteau de bois ayant la forme d'une serpe, il frappe sur la partie suspendue. Les coups répétés font tomber les parcelles de paille et dégagent le lin de toute impureté.

Lorsque nous serons de retour à la ferme, M. Durand vous fera connaître l'usage et l'utilité de chacune des plantes que nous venons de passer en revue. Profitons des quelques heures qui nous restent encore pour aller visiter ma chenevière. Après cela nous descendrons du côté de la ferme où nous verrons mes œillettes et ma cameline.

LE CHANVRE.

Vous savez que l'on appelle chénevière le champ dans lequel on a semé du chanvre.

Ce n'est pas une plante que j'estime beaucoup quant aux bénéfices qu'elle donne aux cultivateurs. Elle demande beaucoup de soins, des terres bien exposées, bien traitées et riches en humus. Aussi celui qui le cultive en retire-t-il peu de profit.

Ce champ était, il y a peu d'années, tout couvert d'eau; je l'ai fait assainir il n'y a pas longtemps, il est encore très-humide. Je n'ai pu l'employer à aucune autre récolte qu'à celle du chanvre.

Cette sorte de terre, riche en humus, légère, chaude et humide convient tout particulièrement à cette plante. D'après les expériences que j'ai faites, le chanvre ne pourrait venir dans les terrains secs.

Le chanvre craint les gelées, c'est pourquoi on ne sème qu'à la fin de Mars Je vais vous faire connaître de quelle manière je le cultive.

Je vous ai déjà dit qu'il voulait un terrain meuble, réduit en poussière s'il est possible. J'ai donc fait donner avant l'hiver un bon labour, puis un deuxième en mars pour enterrer le fumier.

Le fumier de cheval et de mouton, les composts, les matières fécales et la colombine sont les engrais qui conviennent le mieux au chanvre.

Après le labour de mars, on donne un bon hersage et l'on sème à raison de 2 à 3 hectolitres par hectare, sur planches de 2 à 3 mètres. La graine étant assez grosse on doit l'enterrer par un vigoureux coup de herse.

Je vous ferai observer que l'on peut obtenir du même chanvre deux espèces de filasse que l'on appelle, filasse de gros, filasse de fin. La filasse de gros s'obtient en semant clair et la filasse de fin en semant plus dru. Par ce dernier moyen on épargne aussi des sarclages, car les mauvaises herbes sont étouffées par la croissance serrée des plantes.

Les oiseaux sont excessivement avides de la graine de chanvre. Vous savez que dans nos volières on leur en donne quelquefois et qu'ils la mangent avec plaisir. On doit donc avoir soin pendant les premiers jours de la germination, de placer en différents endroits des enfants qui chassent les oiseaux, ou mieux encore, des hommes de paille affublés de chiffons flottants au vent, pour les épouvanter.

Le chanvre qui n'est pas semé fort dru doit être biné plusieurs fois pour détruire les mauvaises herbes et ameublir la terre.

Ces opérations se font lorsque les plantes ont atteint cinq ou six feuilles, et qu'on s'aperçoit qu'elles sont gênées dans leur croissance et arrêtées dans leur développement.

Le chanvre peut revenir tous les deux ans sur la même terre, après du blé ou toute autre céréale.

UN ÉLÈVE. — Mais, il me semble, monsieur, qu'on a semé ici deux espèces de chanvre, car je vois des tiges plus hautes les unes que les autres.

M. DUMONT. — Vous vous trompez, mon ami, il n'y a dans ce champ qu'une seule espèce de chanvre, seulement la graine produit des tiges mâles et des tiges femelles.

On donne à tort dans les campagnes, le nom de mâles aux plus hautes tiges. C'est tout le contraire ; le mâle est plus petit. Il ne produit pas de graine ; mais il donne la meilleure filasse, il mûrit plus vite que la femelle, qui a besoin de rester plus longtemps en terre à cause de ses semences qui n'acquièrent que longtemps après tout leur développement et le dégré de maturité convenable.

Le chanvre a trois ennemis qui lui font la guerre. Ce sont la cuscute et l'orobanche dont je vous ai déjà parlé et la larve du papillon appelé *tête de mort*. On ne doit point craindre, pour détruire la cuscute et l'orobanche, d'entrer dans le champ quand même il en résulterait de légers dégâts et d'aller les arracher avant que la graine ne soit mûre, sans cela il serait à craindre que cette semence ne s'éparpillât de tous côtés et n'infestât complètement la chenevière.

Quant au papillon on ne connaît pas de moyen de le détruire.

Les tiges de chanvre mâle murissant les premières devront être arrachées avant les femelles, et mises en moyettes par petites bottes liées avec de la paille.

Trois semaines après seulement, les graines des femelles commencent a brunir. C'est le moment de les arracher à leur tour et de les laisser pendant quinze jours comme les mâles, exposées sur la terre. Pendant ce temps-là le mâle est roui et teillé à la main.

Les femelles étant bien sèches, sont battues comme les œillettes dont je vous parlerai tout-à-l'heure, et les tiges sont portées au rouloir où elles restent jusqu'à ce que la filasse s'en détache facilement, et qu'on puisse la teiller sans peine, ce qui a ordinairement lieu au bout de huit à dix jours.

L'OEILLETTE.

L'œillette est une plante oléagineuse très-cultivée dans le fond de notre département. Son nom véritable est le pavot;

mais il est plus connu sous le premier dans la grande culture.

L'œillette demande une terre riche, meuble et une nourriture de facile absorption. Sa culture, sans être difficile, demande beaucoup de soins. Je vais vous dire en quelques mots les préparations que l'on fait subir à la terre avant les semailles.

C'est ordinairement après le blé que l'on fait venir l'œillette. Aussitôt la récolte enlevée on déchaume profondément. Au mois de février on répand du fumier d'étable que l'on enterre à la charrue. En mars, on passe vigoureusement la herse en tous les sens afin d'égaliser la surface du sol tout en l'ameublissant. Après ce travail, on sème à la volée à raison de deux litres et demi à trois litres par hectare, et on recouvre par un léger coup de herse ou mieux avec une claie recouverte de branches d'épines.

Quinze jours après, si l'on s'aperçoit que l'œillette ne se lève pas convenablement, on donne un coup de rouleau afin de conserver à la graine un peu d'humidité et de fraîcheur.

Il n'est peut-être pas de plante qui demande plus de soins de propreté que l'œillette si on veut l'obtenir belle.

Dès qu'elle a acquis ses cinq à six premières feuilles, et par un temps sec, il faut s'empresser de donner un premier binage pour détruire les mauvaises herbes et éclaircir, après cela on fera bien de répandre 1,500 kilog. de tourteaux en poudre.

Un deuxième binage est donné à quelques semaines de là. Il a pour but de détruire les herbes qui auraient repris racine depuis le premier binage, et aussi d'espacer les pieds à dix ou quinze centimètres.

Enfin, vous le voyez, en ce moment on bine et on éclaircit pour la troisième fois, de manière à laisser les pieds à 25 ou 30 centimètres les uns des autres. Il ne faut pas craindre de sacrifier quelques plantes, car ce que l'on perd par le nombre, on le regagne au centuple par la quantité et l'excellence du produit. L'air circule plus librement, les racines ne sont plus gênées, les tiges ne sont pas arrêtées dans leur développement ; elles acquièrent plus de force et fournissent des capsules plus belles et plus nombreuses.

On reconnaît que l'œillette est mûre lorsque ses capsules ou têtes commencent à se tâcheter de points violets et qu'elles s'ouvrent au-dessous du chapeau. Il est temps alors de procéder à l'arrachage qui se fait de la manière suivante.

On prend les tiges vers la tête et l'on tire fortement à soi pour les déraciner. Lorsque l'on a en main une poignée assez forte on la lie avec un lien de paille, tout près de la tête, et on en forme de petites bottes que l'on dresse les unes contre les autres en les fortifiant, par la base, au moyen de quelques pelletées de terre jetées au pied dans la crainte que le vent ne les abatte et n'en disperse la graine.

Lorsque le temps est fort chaud, l'œillette peut être battue au bout de 7, 8, 10 jours au plus.

A cet effet on suspend sur le champ, une toile, par les quatre coins, à des piquets fichés en terre à la hauteur de 50 à 60 centimètres. On prend ensuite deux bottes dont on frappe les têtes les unes contre les autres, jusqu'à ce qu'il n'en tombe plus de grain.

Les bottes, ayant toutes été secouées, sont remises en moyettes où elles restent pendant quatre à cinq jours afin de laisser aux graines qui adhèrent encore aux parois des capsules, le temps de sécher et de se détacher par un nouveau battage. Les tiges sont après cela rentrées à la ferme et elles servent à chauffer le four ou à brûler dans le foyer. Je vous ai recommandé de conserver soigneusement les cendres.

L'œillette, pour réussir, ne doit point venir plus souvent

que tous les 4 ou 5 ans sur la même terre, car elle est fort épuisante et elle finirait par appauvrir complètement le sol.

En moyenne la récolte peut donner de 35 à 45 hectolitres par hectare.

LA CAMELINE OU CAMOMILLE.

La cameline est souvent appelée camomille dans nos contrées. Ce sont pourtant deux plantes bien différentes. La première nous fournit de l'huile, et la seconde sert en médecine à faire des infusions pour boissons apéritives.

Voici le champ dont je vous parlais tout-à-l'heure. Il me promet une bonne récolte quoiqu'il ait été ensemencé tard. Mais trois à quatre mois suffisent à sa croissance et je pourrai la récolter dans les derniers beaux jours de septembre. D'ordinaire on ne cultive cette plante que lorsque l'on a eu des céréales détruites par les rigueurs de l'hiver.

Je ne vous dirai rien de sa culture qui se fait comme celle du colza, je vous ferai cependant remarquer que je ne sème jamais de cameline sans y mettre en même temps du trèfle, et j'obtiens toutes les fois des récoltes plus abondantes que lorsque je le sème avec des céréales.

Le rendement d'un hectare de cameline est d'environ 15 à 18 hectolitres.

Nous voilà arrivés près de la ferme, entrons-y nous prendrons un peu de repos et de rafraîchissement. La journée a été chaude et notre promenade assez longue. Je crois qu'un peu de lait fraîchement trait nous fera du bien.

Entrez dans cette salle, l'air y est frais nous y serons à ravir pour causer un peu.

Madeleine, apportez-nous le meilleur de votre laitage je veux régaler mes jeunes amis.

Buvez, mes enfants, cela vous désaltérera.... Le laitage vous plaît-il?....

LES ÉLÈVES. — Nous vous sommes très reconnaissants, monsieur, de votre bonté. Non content de nous instruire, vous nous comblez d'attentions affectueuses.

Ce laitage est certainement le meilleur que nous ayons bu et cela ne nous étonne pas, vous nous avez si bien fait connaître les meilleurs aliments qui conviennent aux vaches laitières, que nous nous attendions à trouver ici un lait d'une saveur et d'une délicatesse exquises.

M. DUMONT. — Bien, mes amis, vous êtes de charmants jeunes gens que je suis heureux d'avoir connus de près. Je regrette seulement que ce n'ait pas été plus tôt.

M Durand va vous continuer la leçon. Il vous indiquera les usages de chacune des plantes que nous avons passées en revue cette après-midi. Pendant ce temps, je vais jeter un coup-d'œil dans la basse-cour et je reviens à l'instant.

CHAPITRE XVII.

USAGES DES PLANTES TEXTILES ET OLÉAGINEUSES.

LE LIN, LE CHANVRE, LE COLZA, L'OEILLETTE,

LA CAMELINE, LA NAVETTE.

M. DURAND. — Veuillez prêter toute votre attention à ce que je vais vous dire, mes amis. Il vous sera sans doute agréable, maintenant que vous connaissez les détails de la culture des plantes textiles et oléagineuses, de savoir à quels usages elles sont employées et les produits qu'en retirent l'agriculture, le commerce et l'industrie. C'est de cela que je veux vous entretenir en attendant le retour de M. Dumont.

» Le lin fournit deux substances également utiles ; son huile et sa filasse.

» L'huile sert à l'éclairage, à la confection des peintures, à la fabrication des taffetas, à celle des cuirs vernis et des savons ; mais sa saveur désagréable, sa couleur et son peu de fluidité la font repousser des tables.

La filasse sert à la confection des toiles fines, du linge de corps et de table. Pour cela, lorsqu'elle a été parfaitement écanguée, elle est livrée au filateur qui la réduit en fils propres à être tissés, de là elle passe entre les mains des fabricants de toile, puis enfin elle est portée au blanchissage où elle acquiert cette blancheur qui en fait tout le relief.

» Les tourteaux servent particulièrement à l'engraissement des bestiaux, et chacun de vous sait que la farine est très-employée en médecine pour faire des cataplasmes émollients. Avec la graine bouillie dans l'eau, on administre des lotions adoucissantes qui procurent toujours un grand soulagement au malade.

» Le chanvre fournit aussi deux produits de même nature que ceux du lin ; mais son huile est d'une qualité tout-à-fait inférieure et sa filasse ne peut servir en général qu'à faire des cordages et les grosses toiles de navire et de ménage.

» L'huile est quelquefois employée à l'éclairage ; mais plus particulièrement à faire des savons. La graine se donne aux oiseaux dans les volières, et nos ménagères savent que les poules qui en sont nourries pondent régulièrement leurs œufs.

» Les tourteaux servent à l'engraissement des bestiaux qui en sont très-friands.

» Le bois qui atteint quelquefois des proportions énormes est employé à la fabrication des allumettes soufrées dont on fait une si grande consommation dans les ménages et qui sont connues sous les noms de grosses allumettes, allumettes longues.

« Le colza ne nous donne que son huile, que son goût piquant fait rejeter des tables ; mais qui est très-employée pour l'éclairage; elle sert aussi à la confection des cuirs dans les corroieries, à la fabrication des savons verts et noirs.

» Les tiges ne sont bonnes qu'à chauffer le four. C'est avec cette paille que dans le fond de notre département, on paie une partie du salaire des ouvriers qui l'ont arrachée et battue. Ce mode de paiement est assez recherché, en ce sens que le 100 de bottes se vend bon marché, et qu'il fait le même office que 50 bottes de fagots pour cuire le pain.

» On peut cependant l'employer pour faire du fumier, mais la décomposition en est très-lente, et ne peut s'opérer que dans le purin, aussi ne s'en sert-on presque jamais à cet effet.

» Les résidus des graines dont on extrait l'huile servent à engraisser les bestiaux ou à être répandus sur les terres comme amendement et engrais.

» L'huile de cameline ne donne pas autant de fumée que celle de colza, elle est plus recherchée pour brûler dans les lampes. Elle ne sert pas à d'autres usages. Les tourteaux sont employés comme ceux du colza à la nourriture des bestiaux.

» La navette produit une huile qui peut être servie sur les tables. Cependant sa saveur n'est pas très-délicate et on lui préfère, avec raison, l'huile d'œillette qui lui est de beaucoup supérieure.

» L'œillette ou pavot n'est pas seulement cultivée pour l'huile qu'elle produit, elle sert bien souvent aux usages de la médecine comme calmant et soporifique.

» On en fait une substance nommée opium que les orien-

Prom.   7

taux fument pour se procurer un sommeil extatique qui les mine et les tue lentement.

» Les tiges servent à chauffer le four pour la cuisson du pain.

» Nous voilà arrivés au bout de la tâche que nous nous étions tracée pour aujourd'hui. Je vous engage en terminant à vous bien pénétrer de la leçon que nous vous avons donnée. Repassez-la mentalement; faites entre vous assaut de questions, tâchez d'y répondre le mieux possible, la mémoire de l'un viendra en aide à celle de l'autre pour former un résumé, un cours succinct que vous puissiez montrer, et que plus tard vous consulterez avec fruit.

» Rappellez-vous toujours que c'est Dieu qui a mis toutes ces richesses à la disposition de l'homme, et qu'il suffit d'un peu de travail pour se les procurer. Remercions-le de ses bienfaits, n'oublions jamais de lui en rendre hommage; car il suffit d'un mouvement de sa toute-puissante volonté pour que ces richesses, dont nous étions si heureux et si fiers, s'anéantissent.

» Heureux celui qui, ayant sans cesse sous les yeux les œuvres admirables de la création, sait les apprécier et reconnaître la main de Dieu qui a tout fait. Bien méchant et bien pervers celui qui, oubliant ce qu'il doit à son créateur, loin de se montrer reconnaissant des biens qu'il lui accorde, ne s'en sert que pour insulter à sa Majesté infinie, et qui, au lieu de la prière et de l'adoration, a sans cesse sur les lèvres le murmure et le blasphème. »

A ce moment M. Dumont entra dans la salle. Il avait entendu les dernières paroles de son vieil ami. Il alla lui serrer la main, leurs deux cœurs se comprenaient. Les enfants émus regardaient ces deux vénérables vieillards qui, le front levé vers le ciel semblaient déjà soupirer après la patrie des hommes justes et droits. . . . .

DEUXIÈME PROMENADE DE JUILLET.

CHAPITRE XVIII.

CULTURE DES CÉRÉALES. — LE BLÉ.

Le jeudi suivant, à leur arrivée à la ferme, les élèves de M. Durand furent reçus par M. Dumont qui leur dit aussitôt : « On m'a appris, mes amis, que M. l'Inspecteur des écoles est venu vous rendre visite. Il a sans doute été satisfait de votre travail ; je serais heureux d'apprendre que vous ayez fait preuve de quelque connaissance en agriculture.

L'INSTITUTEUR. — M. l'Inspecteur a témoigné en présence de toute la classe, sa satisfaction pour la manière vraiment remarquable dont ces jeunes gens ont répondu à ses questions. Il a été surtout charmé autant que surpris de leurs connaissances en agriculture. Il m'a demandé à cet égard quelques éclaircissements et j'ai dû lui dire que c'était à vos bons soins, que ces chers enfants devaient cette utile instruction. Il m'a prié de vous remercier en son nom de la peine que vous vous êtes donnée, et m'a témoigné le regret de ne pouvoir pas vous aller rendre visite.

M. DUMONT. — Je vous remercie, mon vieil ami, des bonnes paroles que vous venez de faire entendre, j'apprendrai toujours avec plaisir les succès que vos élèves obtiendront dans leurs études, surtout lorsqu'il s'agira de l'agriculture, pour laquelle j'ai toujours eu un penchant très-prononcé.

» Courage, mes amis, continuez comme vous avez commencé ; ne vous endormez pas en chemin. Nous avons déjà parcouru une bonne partie de la route ; c'était la plus ardue. Vous avez maintenant la clef de cette science qui vous paraissait si difficile. Le reste s'apprendra avec facilité.

» Nous allons partir aux champs. Les céréales appelleront aujourd'hui votre attention. Vous savez que parmi elles se trouve le blé, la plus précieuse de toutes. C'est la manne des temps modernes qui sert tous les jours à notre nourriture et dont nous ne nous fatiguons jamais. C'est la base de l'alimentation de l'homme, la plus saine, la plus utile, la plus indispensable.

L'INSTITUTEUR. — Voilà un magnifique champ de blé. Il en est peu d'aussi beaux sur le terrain.

M. DUMONT. — Ce blé a été semé après des betteraves et avec un seul labour. Il est pourtant d'usage d'en donner trois lorsqu'il vient après une récolte de fèves, de pois, de navette, de trèfle, de lin ou de pommes de terre.

» La semence a été choisie parmi le blé le plus mûr, le plus beau et le plus lourd, et baignée, avant la semaille, dans une dissolution de couperose bleue, afin de la mettre à l'abri des maladies auxquelles cette céréale est exposée.

UN ÉLÈVE. — J'avais toujours vu, monsieur, humecter le blé dans de l'eau de chaux. Ce moyen n'est-il donc pas aussi bon ?...

M. DUMONT. — Je crois, mon ami, que la chaux produit moins d'effet que le sulfate de cuivre ou couperose bleue ; elle a, de plus, l'inconvénient d'affecter le semeur par sa poussière et de dessécher ses mains qui manquent alors de souplesse. Le sulfate de cuivre coûte après cela si bon marché que l'on aurait grand tort de ne pas l'employer de préférence à la chaux.

» Les graines doivent séjourner pendant dix à douze heures

dans la dissolution, après quoi on peut les retirer et les faire semer soit à la volée, soit en lignes.

UN ÉLÈVE. — Quel est le meilleur procédé ? Il me semble que le semis en lignes demande beaucoup de temps et n'est pas aussi avantageux.

M. DUMONT. — Je vais vous prouver le contraire. Voici un champ d'un hectare semé à la volée. Il m'a fallu employer près de 3 hectolitres de semence. En voici un autre de la même contenance, semé en lignes, qui n'en a demandé que 1 à 1 $1/_2$.

» C'est là un premier bénéfice net de un hectolitre et demi. L'ensemencement en lignes coûte un peu plus de temps ; c'est vrai, et lorsque l'on est pressé dans ses travaux, cela ne laisse pas que de déranger quelquefois le cultivateur. Mais patience, laissez arriver le moment des sarclages, et ce sera bien alors une autre affaire.

» Dans le champ semé en lignes, il me faut moitié moins d'ouvriers pour le même temps ; la terre est mieux nettoyée et le rendement est tout aussi considérable. Vous voyez donc bien qu'il y a avantage à semer en lignes.

» Lorsque le blé est semé, on doit le herser pour enterrer la graine, et si la terre est légère un coup de rouleau lui fera du bien.

» De place en place on doit percer des saignées d'écoulement, afin d'empêcher les eaux de séjourner sur le champ pendant l'hiver, ce qui compromettrait gravement les récoltes.

» Aussitôt les gelées terminées, le blé réclame un coup de rouleau pour lui donner du pied, car les gelées ont déchaussé les racines. De cette manière il talle mieux, c'est-à-dire qu'il porte plusieurs tiges.

» On doit bien se garder de rouler les terres argileuses qui ne sont déjà que trop compactes, à moins qu'elles ne soient parfaitement sèches.

» Les limaces ont été pour un moment si abondantes que j'ai craint de les voir dévorer tout mon champ. Je vous ai déjà fait connaître le moyen de les détruire par la chaux-vive.

» Le blé demande quelques soins de propreté. Vous avez vu au mois de juin qu'on l'échardonnait avec soin, le mois précédent on lui avait déjà donné un binage par un temps ni trop sec, ni trop humide. Si l'on sarclait par un temps sec, on enlèverait la terre par croûtes et l'on déchausserait les racines, et par un temps humide, les plantes parasites reprendraient pieds et pousseraient de nouveau.

» La floraison s'est passée dans de bonnes conditions. Les épis se sont bien formés sous l'influence d'un temps chaud et un peu humide. Nous aurons enfin, si le temps continue à être favorable, une récolte de blé extraordinaire. »

CHAPITRE XIX.

MALADIES DU BLÉ.

« Tenez, remarquez cet épi, mes amis, son aspect grisâtre me fait craindre qu'il ne soit attaqué de la carie.

» Et précisément, en passant tantôt dans un champ d'orge, j'ai cueilli un épi attaqué du charbon. Il me sera bien facile, à l'aide de ces deux spécimens, de vous faire connaître et distinguer ces deux maladies que l'on confond souvent à tort.

» Ouvrez l'épi d'orge et voyez la poussière noire qu'il renferme. Il n'a pas d'odeur particulière; il est attaqué du charbon.

» Ouvrez celui-ci. Vous remarquez que la poussière est

d'un brun foncé, facilement reconnaissable et bien différente de la précédente. Sentez! l'odeur ne vous rappelle-t-elle pas un peu celle du poisson pourri? l'épi est frappé de la carie.

» Le charbon attaque le blé, l'orge et l'avoine. La carie, au contraire, n'attaque jamais que le blé.

» En vous parlant du maïs, je vous dirai à qu'elle affection terrible sont exposées les personnes qui mangent du pain fait avec des grains cariés.

» Je vous ai dit que pour prévenir les maladies des céréales, on doit tremper les semences dans une dissolution de sulfate de cuivre. J'ajoute que ce moyen est insuffisant, si l'on n'a eu la précaution de les soigner dans les greniers, au lieu de les laisser se détruire par incurie comme le font les trois quarts des cultivateurs.

» La rouille est une autre maladie des céréales qui se déclare particulièrement sur l'orge, surtout lorsque le mois d'avril a été humide et les mois suivants très-secs. Nous n'avons pas à la déplorer cette année. Voici pourtant une tige qui, par son exposition s'en est ressentie un peu. Les feuilles sont toutes marquées de taches jaunâtres et saillantes. C'est l'épiderme qui se soulève pour former une espèce de bourse, où s'amasse une poussière jaune que vous pouvez remarquer quelquefois sur vos souliers, lorsque vous traversez les champs qui en sont frappés.

» La rouille empêche les épis de se développer et ils restent maigres et petits. On conseille de faucher le champ malade dans l'espérance d'avoir une seconde pousse. Ce moyen peut être mis en pratique et m'a presque toujours réussi.

» Les blés qui sont le plus exposés à la rouille sont les blés de printemps, les autres en sont plus rarement atteints.

» Je ne crois pas utile de vous parler de la récolte du blé en ce moment. Je préfère vous faire voir les autres céréales et y revenir lorsque la moisson sera arrivée.

CHAPITRE XX.

CULTURE DU SEIGLE.

« Ce seigle a une belle apparence, n'est-ce pas, mes amis, il sera, je crois, d'un bon rapport.

» Dans nos contrées, on le cultive pour la paille qui sert à faire des liens, et pour le grain qui sert à faire de l'alcool, ou à la nourriture des bestiaux. C'est une petite récolte; mais dans les pays de terre pauvre, où le blé ne pourrait pousser, c'est une véritable providence.

» Le seigle est excessivement facile sur le choix d'un terrain. Les terres calcaires, les terres sableuses, schisteuses, les landes, les sols maigres lui suffisent. Cependant pour avoir une paille riche et belle, il est nécessaire de lui donner du fumier de vache et de porc peu décomposés. Lorsque, au contraire, l'on tient au grain, on peut lui donner du fumier très-décomposé, ou un compost formé de fumier et de terre arrosés de purin. Ce compost produit les meilleurs effets.

» La terre se prépare par trois labours. Six semaines après le dernier, on sème, par un temps sec, à raison d'un hectolitre par hectare, et l'on enterre à la herse.

» Souvent, à la fin de l'hiver, comme cela arrive pour le blé et les autres céréales, les seigles sont déchaussés par la gelée. On profite du premier beau jour de printemps pour passer le rouleau et affermir les racines. Quelques semaines plus tard on fera bien de lui donner un léger coup de herse pour ameublir la terre et donner de l'air aux plantes.

MALADIE DU SEIGLE.

» Le seigle est sujet à une maladie que je vais vous faire connaître à l'instant. Tenez! regardez cet épi! Voyez comme quelques grains se sont modifiés, de forme et de couleur. Ils sont fort allongés et ont une couleur violacée. C'est là ce qu'on nomme *l'ergot*. Il suffit que le seigle en contienne fort peu pour devenir d'un emploi dangereux pour l'homme.

CHAPITRE XXI.

CULTURE DU SCOURGEON.

Le scourgeon ou orge d'hiver est une plante à peu près de la même nature que celle du blé. Elle aime les terrains légers et fumés anciennement; elle réussit très bien après une récolte sarclée.

La terre est préparée par trois labours, dont le premier au scarificateur.

UN ÉLÈVE. — Pourquoi faites-vous donner votre premier labour au scarificateur, s'il vous plaît, Monsieur?

M. DUMONT. — Le scarificateur n'enterre pas aussi profondément les graines des mauvaises herbes, ce qui leur permet de germer et de monter plus rapidement; alors le second labour les détruit facilement. C'est pour cela que je vous conseille de donner toujours en premier lieu une façon au scarificateur. Vers la fin d'octobre, milieu de novembre, on donne le second labour. Enfin on laboure une troisième fois quelques jours avant les semailles.

Ces labours doivent être assez profonds, les racines de l'orge étant longues et aimant beaucoup de fond.

Le scourgeon doit être clair-semé, car il talle beaucoup. Semé dru, il deviendrait trop touffu et finirait par pourrir par la base si la saison était pluvieuse.

Il est bon cependant qu'il soit un peu vigoureux, de cette manière on épargne des sarclages, les mauvaises herbes ne pouvant s'y montrer à cause du manque d'air et d'espace.

Le scourgeon est très-sensible au froid, on doit donc le semer le plus tard possible, afin qu'il ne soit pas trop avancé lorsque les gelées arriveront.

Il faut à peu près 2 hectolitres de graine pour ensemencer un hectare. En mars, la terre qui a été tassée et encroûtée par les pluies et les dégels a besoin d'être aérée, on fera bien de passer le rouleau et de herser ensuite profondément. Si la terre est légère on peut faire rouler une deuxième fois quelques jours après.

L'orge succède ordinairement à une récolte de fèves, mais elle vient également bien après les pommes de terre et le trèfle.

UN ÉLÈVE. — J'ai remarqué en mars, le champ Gillot, il était magnifique, aussi je n'en ai pas été étonné, je l'avais vu fumer abondamment sa terre.

M. DUMONT. — Gardez-vous bien d'en agir ainsi, vous seriez assuré de n'avoir que de la paille. L'orge ne veut que des vieux fumiers bien décomposés, et Gillot en a mis des longs et pailleux.

Avez-vous revu son champ depuis le mois de mars?...

UN ÉLÈVE — Non! monsieur.

M. DUMONT. — Eh! bien, je vais vous dire comme il est. Il y a d'abord fait pâturer ses moutons, cela n'a pas réussi : il a été obligé de l'enfouir et de remplacer sa récolte par de la navette.

Vous voyez par cet exemple qu'il ne suffit pas, comme je vous le disais en commençant mes leçons, d'avoir des engrais, mais qu'il faut savoir les employer à propos.

L'ORGE D'ÉTÉ.

L'orge d'été ou orge commune se sème au mois d'avril. Elle exige un sol riche et léger ou du moins parfaitement ameubli par les cultures préparatoires. Dans un sol un peu argileux, un labour donné en automne, et deux ou trois cultures à l'extirpateur au printemps, produisent un excellent effet.

L'orge peut se semer, même après une céréale, car elle épuise très peu ; mais je vous engage à ne pas le faire souvent. Autant que possible, on ne doit pas abuser de sa terre en y cultivant successivement deux plantes de même espèce ; si peu épuisante que soit la seconde, elle affaiblit toujours considérablement le sol.

Les brasseurs préfèrent l'orge d'hiver à celle de printemps, parce qu'elle est plus lourde et de meilleure qualité, elle fournit du reste aussi aux cultivateurs un produit plus abondant.

Il me reste pour terminer mes explications à vous montrer mes avoines. Il s'en trouve près du moulin Touret. Dirigeons-nous de ce côté.

CHAPITRE XXII.

CULTURE DE L'AVOINE.

Il y a plusieurs variétés d'avoine dont je ne vous parlerai pas, je me contenterai de vous faire voir celles que je cultive. Ce sont l'avoine blanche et l'avoine commune noire.

Cette plante est très-sobre, elle vient dans les terrains les plus arides. Ce n'est pas une raison cependant de lui refuser une bonne nourriture. Si elle vient bien sur une terre pauvre, elle viendra mieux encore sur une terre riche. Ainsi dans les terres argileuses, riches en vieil engrais, dans les terres franches, les marais desséchés et assainis, elle donne des produits remarquables ; mais c'est surtout dans les terrains de nature calcaire qu'elle se plaît le plus.

Les uns disent que cette plante est épuisante, d'autres soutiennent qu'elle l'est très-peu. Je ne me prononcerai pas sur cette question, je vous dirai seulement que l'on peut la faire venir après le blé ou le seigle. J'obtiens cependant de plus beaux produits lorsqu'elle succède à une plante sarclée telle que betterave, carotte, pomme de terre, etc. Vous pourrez en juger. L'an dernier, il y avait ici du seigle et de l'autre côté des betteraves. La différence en paille et en grain est évidemment à l'avantage de la terre sarclée, et elle est assez sensible pour qu'on s'en aperçoive au premier coup-d'œil.

On ne sème généralement l'avoine qu'en février ou en mars, et en cela on a tort, parce que comme toutes les autres céréales, l'avoine d'hiver donne des produits plus abondants que celle de printemps et d'une valeur bien supérieure.

Aussitôt après les dernières gelées, j'ai fait donner un bon labour qui s'est reposé jusqu'en mars ; mon expérience m'ayant appris qu'il ne faut jamais semer l'avoine sur un labour frais.

On emploie 2 à 3 hectolitres de semence par hectare et l'on recouvre par un coup de herse. Avant qu'elle ne soit levée on roule le champ et l'on n'a plus à s'en occuper jusqu'au moment de la récolte.

L'avoine d'hiver vient aussi après un seul labour et reçoit les mêmes soins. Des plantes parasites telles que la folle-avoine, le chiendent à chapelet, l'achillée mille-feuilles, la moutarde des champs envahissent quelquefois l'avoine. Dans ce cas, il sera utile de la faire sarcler. Beaucoup de cultivateurs ne s'inquiètent point de cela, ils ont tort, la récolte s'en ressent et la terre s'épuise davantage. Un sarclage est bientôt donné et coûte relativement peu d'argent si l'on compare les produits obtenus.

La récolte de l'avoine se fait après celle du blé et de toutes les autres céréales, nous en dirons deux mots au moment de la moisson.

UN ÉLÈVE. — J'ai entendu dire, monsieur, qu'en certains pays on donnait du sarrazin aux bêtes, en place d'avoine.

M. DUMONT. — C'est vrai, mon ami, mais de nos côtés on ne le cultive pas beaucoup.

LE SARRAZIN.

Le sarrazin vient dans les terres légères après du colza ou du seigle. On l'appelle vulgairement blé noir.

Il se sème vers le mois de juin et on peut déjà le récolter en septembre ou en octobre. Il ne faut pas plus de 80 à 100 litres de semence par hectare. Lorsque le champ est obstrué par les mauvaises herbes, il réclame un bon binage.

Le sarrazin coupé en vert est un excellent fourrage, et c'est peut-être le seul engrais que je voudrais enfouir en vert.

On arrache le sarrazin, on le met en bottes et on le dresse en moyettes qu'on laisse sur terre jusqu'à ce qu'il soit mûr.

Le sarrazin fournit de bonnes prairies artificielles. Chaque fois que j'en sème j'ai la précaution d'en profiter pour y mettre en même temps de la luzerne.

Je n'ai plus rien à vous dire; je vais laisser la parole à M. Durand. Comme il l'a fait pour les plantes oléagineuses, il vous parlera des usages de chacune des plantes que nous venons d'étudier ensemble. Vous allez voir que la terre est une source féconde d'où l'on retire toutes sortes de richesses servant aux besoins les plus impérieux de l'homme, à son bien-être et même à ses plaisirs.

CHAPITRE XXIII.

USAGES ET UTILITÉ DES CÉRÉALES, LEUR EMPLOI DANS L'ALIMENTATION ET L'INDUSTRIE.

M. DURAND. — Il ne suffit pas, mes amis, de connaître les usages immédiats des céréales, il faut encore savoir, si l'on veut faire preuve d'un peu d'instruction, quel est leur emploi dans l'alimentation et quelles transformations l'industrie leur fait subir, pour nous procurer des substances nouvelles.

Et pour commencer par le blé, savez-vous à quoi il peut servir? Vous me répondrez aussitôt, « à faire du pain. » C'est vrai, mais ce n'est pas tout.

C'est certainement sous cette forme qu'il nous rend le plus de services et qu'il devient la base de l'alimentation de l'homme; mais il s'en faut que son usage s'arrête là.

Ainsi, par exemple, on en fabrique des fécules, des amidons qu'on emploie dans tous les ménages; on en fabrique d'excellentes eaux-de-vie.

On donne la paille hachée en fourrage sec aux animaux et elle sert particulièrement à leur faire la litière. Avec la farine on fait le pain, et le son est donné aux bestiaux pour servir à leur engraissement.

Dans certaines contrées, on fait avec l'orge un pain lourd

désagréable et peu nutritif. Cependant la farine d'orge mêlée en certaines proportions avec celle du blé, donne un pain d'un goût assez fin et d'une belle couleur appétissante.

L'orge sert principalement à la fabrication de la bière, c'est la boisson favorite de notre pays, et elle remplace avantageusement le vin. Sans avoir les qualités de ce précieux liquide, elle fortifie l'estomac et donne, lorsqu'elle est fabriquée avec soin, des forces à celui qui en fait un usage modéré.

Vous avez déjà entendu parler de l'orge perlée, de l'orge mondée dont on fait des tisanes adoucissantes. Pour les obtenir on débarrasse l'orge commune de son enveloppe, puis on la fait passer dans un moulin qui en brise les extrémités et la rend ronde, perlée en un mot.

Le seigle ne se cultive dans nos contrées que pour sa paille qui sert à faire des liens pour la moisson. On le cultive aussi pour son grain qui sert à faire des alcools. Employé à la nourriture des bestiaux et des porcs, il leur fait acquérir une chair ferme et délicate.

Dans les contrées arides de la France où le blé ne peut venir, on en fait un pain d'une saveur agréable, mais très-sec et très-noir.

Les petits gâteaux appelés pains de seigle, dont on se sert dans les riches maisons pour prendre le thé, sont très-recherchés à cause de leur goût exquis.

On fait aussi avec le seigle d'excellents genièvres. Enfin grillé, il a servi longtemps et sert même encore quelquefois à mixturer le café.

Les usages de l'avoine sont aussi très-nombreux : et d'abord je ne vous apprendrai rien en vous disant qu'elle est donnée aux chevaux qui en sont particulièrement avides, et qu'elle est un des meilleurs aliments qu'on puisse leur fournir pour stimuler leur courage et leur donner de la vivacité et de l'ardeur pour le travail.

Les vaches qui en sont nourries donnent un lait abondant et d'excellente qualité.

Dans certains pays pauvres on fait avec l'avoine un pain qui n'est pas il est vrai, très-délicat, mais qui est mangeable.

Les gruaux d'avoine sont très-estimés pour faire les bouillies. On les obtient en épluchant les graines entre deux roues de moulin assez écartées pour ne les écraser que grossièrement. En France, mais surtout en Angleterre, on en fait une consommation énorme. . . .

UN ÉLÈVE. — Monsieur, je crois qu'il va faire de l'orage. Voyez comme le ciel devient noir. Je viens même de sentir une goutte d'eau tomber sur ma main.

M. DURAND. — Vous avez raison, mon ami, il serait prudent de retourner à la ferme. Je vais terminer la leçon en marchant. Je crois que nous aurons bien le temps d'arriver avant que l'orage n'éclate.

On fait encore avec de l'avoine des bières fines et délicates. Les excellentes bières d'Allemagne n'ont pas d'autre principe.

Voilà la pluie, le tonnerre gronde, hâtons-nous de chercher un abri.

Ne courez pas je vous prie... le courant d'air occasionné par la course attirerait le tonnerre... Ne vous mettez pas sous les arbres surtout... Par ici, par ici !... Restez au milieu des champs.... Suivez ce sentier.... modérez votre marche.... mieux vaut être mouillé que frappé de la foudre, un peu de pluie ne vous fera pas de mal, dès que vous ne vous échauffez pas... Nous avions grand besoin d'eau .. mais je crains que l'orage ne soit trop violent... Par bonheur le vent faiblit, la pluie tombe droite et quoi que rapide elle n'est pas trop à craindre... Remercions Dieu, mes enfants, les récoltes sont sauvées... J'ai eu peur pour un moment de les voir dévastées par ce vent violent qui avait commencé à souffler... Cet orage qui pouvait produire les effets les plus désastreux donnera, au contraire, une nouvelle vigueur aux plantes car il y avait déjà longtemps qu'elles souffraient de la sécheresse.

Nos habits sont trempés. Entrez vite à la ferme, vous vous sécherez du mieux que vous pourrez en attendant la fin de l'orage; alors vous retournerez chez vous et vous changerez de vêtements.

TROISIÈME PROMENADE DE JUILLET.

CHAPITRE XXIV.

CULTURE DES PLANTES SARCLÉES. — LA BETTERAVE.

M. Dumont vint lui-même le lendemain matin à l'école de M. Durand demander des nouvelles de ses élèves. Il n'avait pas dormi d'inquiétude toute la nuit. Il lui semblait les voir tous malades. Cette idée le tourmenta jusqu'au matin. Il se leva de bonne heure, ne prit qu'une tasse de lait, donna des ordres à ses domestiques et se dirigea vers le village.

La classe était commencée depuis quelques instants. Il entre, le cœur lui bat, car il craint de trouver des places vides sur les bancs, et il se reproche intérieurement de n'avoir pas prévu plus tôt l'orage qui avait éclaté si inopinément la veille. Ses premières paroles sont celles-ci : Personne n'a été malade de notre équipée d'hier ?...

LES ÉLÈVES. — Non, Monsieur, grâce aux précautions que vous nous avez fait prendre et à la recommandation que vous nous avez faite de ne pas nous échauffer en courant, nous en avons été quittes pour la peur.

M. Dumont fut soulagé d'un grand poids. Félicitons-nous, dit-il d'en être sortis si heureusement.

Un orage d'une violence peu commune se déchaîne tout-à-coup. Nous restons exposés au milieu des champs entourés de tous côtés d'arbres élevés, avec la foudre qui grondait sur nos têtes. Je vous avoue que cela était effrayant. Enfin! Dieu soit loué, nous sommes entrés à temps à la ferme.

Savez-vous où la foudre est tombée, mes amis?...

LES ÉLÈVES. — Non, Monsieur!

M. DUMONT. — Précisément sur le peuplier à l'ombre duquel nous étions assis lorsque M. Durand vous faisait la leçon. Vous voyez bien qu'il ne fait jamais bon se mettre à l'abri sous les arbres.

C'est jour de congé aujourd'hui, m'a-t-on dit. Eh bien! venez avec moi à la ferme, nous examinerons ensemble si l'orage a fait du bien à nos récoltes.

Chacun s'empresse de mettre ses affaires avec ordre dans son casier, et l'on se mit en route.

Voyez disait M. Dumont comme tout a l'air plus vivant dans la nature. Regardez ces blés comme ils se redressent fièrement! Ecoutez ces oiseaux comme ils sont joyeux! Quels chants mélodieux ils font entendre! Ces pauvres petites bêtes, elles ont eu bien peur aussi hier Elles étaient allé soigner leur couvée et la mettre à l'abri. Hélas! plus d'un a vu détruire le fruit de ses travaux et de ses amours, leurs chers petits. Ils avaient perdu la voix. Qui peut rester indifférent et froid devant un spectacle si grandiose. Je voudrais bien voir de loin un de ces soi-disant esprits-forts, exposé dans la plaine pendant un orage tel que celui d'hier. Je suis persuadé qu'il serait bientôt à genoux, implorant la miséricorde du Dieu qu'il méconnaissait l'instant auparavant.

Arrêtons-nous un moment en cet endroit. Voici mes betteraves, voyez comme la pluie leur a fait du bien. Les feuilles se relèvent, la chaleur et la sécheresse les avaient flétries. Heureusement que la pluie est venue les rafraichir abondamment, elles dépérissaient.

La culture de la betterave a pris, depuis 10 à 15 ans une telle extension dans notre département du Nord, qu'on peut dire qu'elle est devenue l'une des principales plantes de la grande culture. Outre son produit qui est très-avantageux pour le cultivateur, elle est d'un excellent emploi dans les assolements.

Les espèces que je cultive le plus particulièrement sont la betterave rose, la disette et la betterave de Silésie.

On la cultive ordinairement après la jachère ou le blé en préparant la terre par un déchaumage suivi d'un hersage vigoureux; on bine deux fois à quelques jours d'intervalle.

Avant l'hiver on transporte sur la terre un compost formé de fumier de vache pourri, de cendres ou de chaux. C'est l'engrais qui convient le mieux à la betterave. On l'enterre par un labour profond.

Dès les premiers jours de printemps, on donne un troisième labour, on herse et l'on sème à la volée ou en lignes.

La betterave donne ses meilleurs produits dans les terres sablonneuses, profondes et légères.

Le repiquage se fait lorsque les plantes ont acquis la grosseur d'une plume d'oie, au moyen du plantoir à l'aide duquel on fait des trous espacés de 25 à 30 cent. et dans lesquels on place les petites betteraves dont on a préalablement coupé les feuilles à sept ou huit centimètres de longueur, ainsi que l'extrémité de la racine; on tasse la terre par un coup de talon ou ce qui vaut mieux avec les deux mains.

Le repiquage doit se faire par un temps humide, car il est impossible, lorsque l'opération se fait sur une vaste échelle, d'arroser les plantes qui en auraient grand besoin. Les lignes doivent être espacées de 50 cent. afin de permettre aux betteraves de prendre tout leur développement et de n'être pas gênées dans leur croissance. Ce que l'on perd en nombre on le regagne en poids et en qualité.

Cormont a semé son champ en lignes; c'est une bonne méthode et ses betteraves sont fort belles. Vous voyez pourtant que celles-ci les surpassent beaucoup quoiqu'elles n'aient pas encore atteint tout leur développement, car vous saurez que les betteraves repiquées restent longtemps stationnaires, et ce n'est qu'après un certain temps qu'elles se développent avec une rapidité extrême.

Le semis en lignes se fait à l'aide du rayonneur qui trace des sillons espacés de 40 à 50 centimètres et dans lesquels des femmes sèment de 25 à 30 grains par mètre de longueur, et recouvrent avec leurs pieds.

Duthoit a semé ses betteraves à la volée. C'est un mauvais procédé, excepté lorsqu'elles doivent servir au repiquage. Je le lui ai dit, il m'a promis que l'an prochain il procèderait comme moi.

La betterave exige pour se développer énergiquement des binages multipliés. Dans les terres qui ont été plantées en lignes le premier binage se donne lorsque les feuilles ont atteint 3 à 4 centimètres de longueur. Quinze jours après on doit biner une deuxième fois en éclaircissant les plantes. Enfin un troizième binage est donné quelques semaines après en espaçant les plantes de 25 à 30 centimètres.

Les betteraves semées à la volée demandent des sarclages et des binages bien plus fréquents, les produits sont moins beaux et la quantité de graine nécessaire pour ensemencer est triple. Toutes ces raisons doivent faire abandonner une telle culture.

Le système du *repiquage* est encore le plus *économique* en ce sens qu'un seul binage suffit pendant tout le cours de la végétation.

Les betteraves s'arrachent en Novembre, quelquefois en Octobre. On choisit pour cela un temps humide afin de pouvoir arracher plus facilement la racine.

On les prend par les feuilles avec les deux mains et l'on tire fortement à soi. Si la terre est bien détrempée, la betterave se détachera sans se briser et sans trop d'efforts.

On peut aussi se servir pour l'arrachage de la charrue à deux versoirs et quoique par ce moyen on détruise les extrémités des racines, ce qui diminue beaucoup la valeur de la plante, on est souvent forcé, faute de bras, de recourir à son emploi.

Lorsque les betteraves sont arrachées, des ouvriers coupent les feuilles le plus près possible du collet sans y faire de blessure, puis ils les raclent délicatement afin d'en détacher la terre qui les recouvre, et les envoyer propres à la fabrique ou au silo. Les feuilles coupées sont enfouies dans les champs, ou données aux bestiaux.

CHAPITRE XXV

CULTURE DU RUTABAGA.

Voici une plante qui a beaucoup de rapports avec le navet ; on l'appelle Rutabaga, chou-rave, navet de Suède. La culture en est la même que celle de la betterave. Il se sème à la volée, en pépinière, vers le mois de Mars pour être repiqué en Juin. Cependant beaucoup de cultivateurs se contentent de semer à la volée, de biner, d'éclaircir et sarcler lorsque les besoins s'en font sentir ; mais les résultats sont loin d'être aussi satisfaisants. Je puis même dire que les produits que j'ai obtenus par ce repiquage étaient chaque année d'un bon tiers supérieurs à ceux qui avaient été semés à la volée.

CHAPITRE XXVI

CULTURE DE LA CAROTTE.

Que dites-vous, mes amis, de ce champ de carottes ?

LES ÉLÈVES. — Nous les trouvons fort belles, Monsieur, mais nous n'en sommes pas étonnés, toutes vos récoltes sont extraordinaires.

M. DUMONT. — Dans chacun des trois champs que vous voyez, il y a une espèce particulière de carottes. Voici la carotte de Flandre, plus loin la carotte blanche, plus loin encore la carotte blanche à collet vert.

La carotte aime un terrain meuble, profond de 30 à 40 centimètres, parce que, comme la betterave, elle va chercher sa nourriture fort avant dans la terre. Elle ne vient pas bien dans les argiles et les terrains pierreux et brûlants. Dans les terres noires, riches en humus, elle donne de beaux produits. Les prairies artificielles rompues lui plaisent beaucoup.

La terre a été préparée par un labour en automne avec lequel on a enfoui du fumier de vache bien pourri, et je vous ai dit que ce fumier convient particulièrement aux plantes sarclées. Au printemps un nouveau labour a été donné, et l'on a passé la herse pour ameublir la surface du sol et l'égaliser.

J'avais à choisir entre deux modes de semailles : en lignes ou à la volée; j'ai choisi le semis en lignes pour la facilité des binages et pour les raisons que je vous ai dites en parlant de la betterave et du rutabaga.

Le semis se fait au rayonneur au mois de Mars ou d'Avril, des femmes déposent des graines dans les sillons et le rouleau vient les recouvrir en passant.

La carotte est très-sensible aux gelées. Il faudra retarder les semis de quelques jours, si l'on a encore lieu d'en craindre.

Avant de semer la carotte, on doit prendre la précaution de faire disparaître les petites pointes qui entourent la graine, car sans cela elle *bifurquerait* et l'on n'obtiendrait que des produits médiocres. Pour cela on la frotte entre les mains ou entre deux planches jusqu'à ce qu'elle soit parfaitement lisse.

La graine de carotte germe fort difficilement. On peut la faire tremper quelques jours dans de l'eau un peu tiède avant de la confier à la terre, pour activer la germination et la soustraire ainsi aux attaques de certains insectes qui en sont très-friands.

En temps ordinaire, il faut environ trois semaines à la carotte pour sortir de terre. Aussi les mauvaises herbes prennent-elles bien vite le dessus. Il ne faut pas s'en inquiéter, les carottes trouvent dans ces plantes un ombrage salutaire dans les grandes chaleurs, et elles conservent une certaine humidité dont elles ont besoin pour se développer.

Cependant lorsqu'elles commencent à devenir un peu plus fortes, les herbes nuisibles deviennent dangereuses et l'on doit se hâter de les arracher.

Le sarclage à la main, dans des champs si étendus, serait fort difficile faute de bras. Je les remplace par la houe à cheval, en faisant au préalable sarcler à la main les deux côtés des lignes afin de n'être pas obligé de passer trop près des carottes qu'un rien pourrait blesser.

Trois semaines environ après le premier sarclage, on éclaircit les plantes de manière à les laisser à 15 ou 20 centimètres les unes des autres. Lorsqu'elles ont acquis un nouveau développement, on les éclaircit définitivement en les laissant à 30 ou 35 centimètres de distance.

Outre ces soins de propreté, les carottes en réclament un grand nombre d'autres. Je n'ai pas craint de les multiplier, car plus la terre est remuée plus elles deviennent belles, et j'en ai déjà dont la grosseur atteint celle de mon *pouce*.

La carotte peut se mettre en récolte dérobée dans le lin, le colza, et même dans les céréales d'hiver. Dans ce cas aussitôt la récolte principale enlevée, on doit donner plusieurs hersages énergiques en long et en large, puis, lorsque les carottes sont bien relevées, on les bine profondément pour les éclaircir et ameublir la terre.

En semant en lignes, il faut 2 kilog. et demi de graine par hectare, il en faut 4 ou 5 quand on sème à la volée.

Plus longtemps la carotte reste en terre, plus elle profite. Les miennes ne seront arrachées que vers le mois de Novembre.

Je ne vous répéterai pas ce que je vous ai dit de l'arrachage qui se fait exactement comme pour la betterave.

LES ÉLÈVES. — Nous voyons de tous côtés des ouvriers travailler dans les betteraves et dans les carottes, etc. Voudriez-vous nous dire, Monsieur, ce qu'ils y font.

M. DUMONT. — C'est en ce mois que l'on doit s'occuper des derniers binages des plantes racines. Lorsque ces soins de propreté seront donnés, elles resteront en repos jusqu'à la récolte.

CHAPITRE XXVII

CULTURE DES POMMES DE TERRE.

La pomme de terre est un tubercule qui fut implanté en France par l'illustre Parmentier. N'oubliez jamais ce nom mes amis, c'est celui d'un homme de bien qui a rendu les plus grands services à l'humanité.

Des hommes, des savants, prétendirent que cette plante

était un poison ; personne ne voulait la cultiver. Parmentier eut une peine infinie à détruire ce funeste préjugé ; mais il ne se rebuta pas. Il prouva que loin d'être un poison, la pomme de terre est un aliment des plus sains. Il en fit des liqueurs, des gâteaux, des ragoûts, que les plus grands personnages de ce temps là, c'était en 1718, mangèrent sans en ressentir aucun mal. Dès lors le succès fut assuré.

Il faut croire que depuis cette époque, ce précieux tubercule a dégénéré, puisqu'il est atteint chaque année d'une maladie qu'on a en vain cherché à guérir et contre laquelle on n'a pas encore trouvé de remède.

On dit cependant qu'en plantant les pommes de terre *avant l'hiver*, on rencontre très-peu de tubercules malades.

L'INSTITUTEUR. — Ce moyen est un palliatif et non pas un remède. N'a-t-on pas trouvé mieux que cela, dit-on ?

M. DUMONT. — Je me suis tenu au courant de toutes les découvertes, de tous les moyens nouveaux, j'en ai même fait l'essai, et je puis vous assurer qu'aucun ne répond au but qu'il s'agit d'atteindre. Il faut donc s'en tenir au palliatif.

C'est ordinairement après une récolte de blé que je fais venir la pomme de terre. Après avoir déchaumé au scarificateur ou au binot et donné un deuxième labour profond, un mois après on procède à la plantation qui dans la grande culture se fait à la charrue.

Pour cela on prépare les tubercules que l'on coupe en deux ou trois morceaux selon leur grosseur, en ayant soin de laisser à chaque partie deux ou trois yeux.

UN ÉLÈVE. — J'ai entendu dire que les tubercules coupés ne produisent pas autant que les autres.

M. DUMONT. — On a eu tort de vous dire cela, mon ami, on obtient d'aussi belles pommes de terre en plantant des morceaux qu'en mettant des tubercules entiers. Au contraire, il vaut mieux couper un gros tubercule qui a acquis tout son développement que d'en mettre des petits qui n'ont pas autant de force.

Des personnes racontent même qu'en certaines contrées, on n'enterre que les pelures et même le chevelu qui a poussé dans les caves. Pour moi je ne vous en dirai rien n'ayant jamais essayé de ces moyens.

Les plantes étant préparées, la charrue trace un premier sillon dans lequel des femmes placent à 20 ou 25 centimètres de distance, des tubercules ou des morceaux de tubercule. Lorsque la charrue retourne, elle trace un deuxième sillon à côté du premier. La terre retournée par le versoir vient recouvrir le sillon, déjà planté et ainsi de suite, jusqu'à ce que tout le champ soit terminé.

Les terres qui conviennent le mieux aux pommes de terre, sont les terres sablonneuses, calcaires, les prairies rompues.

Les fumiers leur sont plus nuisibles qu'utiles, à moins qu'ils ne soient très-décomposés; mais je vous ai dit que les composts, les cendres de bois, les urines de bétail et la courte-graisse, leur sont très favorables.

Il est bon, lorsque la plantation est terminée et que le temps le permet, de faire passer la herse afin d'égaliser la surface du sol. S'il fait fort sec on peut faire suivre d'un coup de rouleau pour tasser la terre et conserver un peu d'humidité à la plante. Trois semaines ou un mois après, les tubercules sont levés.

Pour faciliter la sortie, on fait passer à différentes reprises la herse de bois jusqu'à ce que la terre soit bien divisée et ameublie à la surface.

En Juin, on bine les pommes de terre avec la houe et on les butte quelque temps après avec le binot.

Dans la petite culture, tous ces travaux sont faits à la main d'homme, ce qui est bien préférable.

Lorsque le champ est fort chargé d'herbes, on le bine une

seconde fois, par un temps sec et on le laisse en repos jusqu'au moment de la récolte qui se fait en Septembre.

Quand la maladie n'a pas trop sévi, le produit d'un hectare est d'environ 250 à 300 hectolitres et il suffit de 25 à 30 hectolitres pour le planter. C'est donc un produit de 10 pour 1 que les pommes de terre nous donnent.

L'arrachage se fait en renversant la motte, soit à l'aide de la bêche, soit à l'aide de la fourche à trois dents, soit enfin, dans la grande culture à l'aide de la charrue et par un temps très-sec. Les tubercules restent sur le champ pendant un jour ou deux pour se ressuyer.

CHAPITRE XXVIII.

CULTURE DES NAVETS.

Lorsque vous êtes venus visiter les champs au mois de juin dernier, je vous ai fait remarquer, mes amis, que l'on semait des navets. Voici le champ dans lequel vous les avez vu mettre. Vous voyez qu'ils ont bien gagné depuis ce temps.

Le navet aime une terre riche, légère, sablonneuse ou calcaire plutôt qu'argileuse ; il se sème, soit après une céréale d'hiver, ou une céréale d'automne, soit après le trèfle légèrement fumé et à raison de 2 à 3 kilog. de graine par hectare.

La semaille se fait ordinairement en juin, cependant ceux qui sèment après une céréale d'hiver peuvent attendre jusqu'en Août, seulement les produits ne sont pas aussi beaux.

Ceux-ci, viennent après un trèfle qui a été fauché vers le milieu de Juin. La terre a été préparée par deux labours et légèrement fumée.

Le champ voisin appartient à Cormont; ses navets viennent après le seigle et ont été semés à la fin de Juillet. Ils sont beaux, très-beaux, plus beaux que les miens mêmes. Mais Cormont traite bien ses terres; je l'ai vu répandre ici un compost formé de terres, de cendres, de chaux ou de plâtre qui avait été arrosé copieusement avec l'urine des bestiaux. C'est un engrais qui convient particulièrement aux navets.

Aussitôt que le navet est semé on donne un coup de herse de bois pour enterrer les graines. Dès qu'ils commencent à lever il faut bien veiller aux pucerons qui auraient bientôt dévoré le champ; aussitôt qu'ils se montreront, hâtez-vous de jeter sur votre champ un mélange de savon et d'urines pourries, c'est ce qui convient le mieux pour les détruire.

Lorsque les navets ont leurs trois ou quatre premières feuilles, il est nécessaire de leur donner un bon coup de herse pour les éclaircir, ameublir la terre et leur procurer une croissance plus active. Si après cela il reste encore trop de plantes, on bine et on éclaircit à la main. Quelques semaines plus tard, on éclaircit une deuxième fois et on détruit les mauvaises herbes par un binage assez profond. Ces binages en temps de sécheresse ont de plus l'avantage de remplacer un bon arrosement, et de donner une nouvelle vigueur aux plantes.

UN ÉLÈVE. — Mais il me semble, Monsieur, que si vous ameublissez la terre, si vous la retournez, l'humidité s'évaporera plus facilement, et que, par les chaleurs qu'il a fait, ces binages ont dû dessécher complètement la terre au grand détriment des plantes.

M. DUMONT. — Au premier abord, cela pourrait sembler vrai; mais remarquez que dans des contrées plus chaudes que la nôtre, on ne manque pas de biner souvent et profondément pendant les chaleurs, et qu'on a toujours vu les plantes se relever comme si elles avaient été arrosées. Cela peut paraître étrange, cependant, le fait existe et je l'ai constaté moi-même bien des fois.

Les meilleures espèces de navets que l'on puisse cultiver, sont les navets à collets verts et les navets à collets rouges. Ils peuvent servir à la table et à la nourriture des bestiaux. On les récolte vers la fin d'Octobre, à la main, comme les betteraves, ou à la fourche à trois dents. Ils se conservent dans les caves ou mieux dans des endroits secs à l'abri des gelées.

Maintenant que j'ai passé en revue chacune des plantes sarclées qui entrent dans ma culture, M. Durand voudra bien, pendant que je prendrai un peu de repos, vous en faire connaître les usages.

CHAPITRE XXIX.

USAGE DES PLANTES SARCLÉES.

M. DURAND. — C'est avec d'autant plus de plaisir que je prendrai la parole après M. Dumont que le long entretien dont il vient de faire tous les frais a dû le fatiguer beaucoup. Ce qui reste à dire est bien long encore et quoique M Dumont soit plus capable que moi de traiter cette question, je n'hésiterai pas cependant à me mettre à sa place.

. . . .

Il y aurait beaucoup à dire si je voulais vous faire connaître en détail toutes les transformations que l'on fait subir aux plantes-racines pour les faire servir à nos usages; mais cela nous entraînerait trop loin; je me contenterai de vous parler des usages généraux, sans entrer dans des détails qui sont du domaine de l'industrie.

La betterave est la plus précieuse de toutes les plantes-racines cultivées. Elle sert non-seulement à la nourriture des bestiaux, mélangée avec un peu de fourrage sec ; mais l'homme s'en nourrit même quelquefois. Elle s'emploie comme assaisonnement et donne un goût délicieux aux mets dans lesquels on la fait entrer. Dans les campagnes on les prépare en ragoût, surtout dans le fond du département ; ces ragoûts sont très-sains, très-succulents, mais peu substantiels.

On peut se servir de la betterave torréfiée comme de la chicorée, pour donner au café de la couleur ; mais son usage le plus important c'est de servir à la fabrication du sucre et de l'alcool.

Je ne vous parlerai pas en ce moment de cette fabrication, je trouverai le moyen de vous conduire un jour à l'usine de M. Salmon, qui vous expliquera mieux que je ne pourrai le faire chacun des détails qui se rattachent à cette industrie.

La carotte, vous le savez, entre dans l'alimentation de l'homme ; on en fait des mets excellents, elle est pourtant assez peu digestive ; une bonne soupe, un bon bouillon, ne vont pas sans carottes ; elles leur communiquent une saveur agréable.

Donnée en nourriture aux bestiaux, et c'est là son emploi le plus important, du moins pour celles que l'on cultive dans les champs, elle fournit aux vaches un lait d'une abondance extraordinaire, d'une qualité supérieure et d'une couleur appétissante. Dans notre pays, on en donne de grandes quantitées aux vaches, aussi notre beurre est-il renommé à trente lieues à la ronde.

La pomme de terre est la première et la plus utile des plantes racines cultivées, elle a rendu et rend encore de grands services dans l'alimentation.

Elle pourrait à la rigueur, dans des temps de disette,

remplacer le pain ; elle nous a plusieurs fois sauvés de la famine. C'est un présent du ciel.

La pomme de terre sert particulièrement à la nourriture de l'homme. Quelquefois on la donne aux bestiaux mélangée avec des betteraves, car on a remarqué, et M. Dumont me le disait encore hier soir, que les bêtes nourries exclusivement de betteraves deviennent *trop grasses* et que leur lait diminue sensiblement. La pomme de terre a la propriété de combattre cette propension à l'obésité.

Avec les pommes de terre, on obtient par la distillation un alcool de *mauvais goût* dont on se sert dans l'industrie. On en fait aussi des fécules et des amidons fort estimés.

Les navets servent à l'alimentation des bestiaux, ils se donnent mélangés avec des fourrages secs. Le lait qu'ils fournissent aux vaches est abondant et riche en beurre ; mais d'une saveur peu agréable que l'on combat en mélangeant à la nourriture un peu de salpêtre.

On fait usage du navet dans la cuisine, et vous savez tous que votre mère ne néglige pas d'en mettre dans ses potages et dans ses ragoûts de mouton.

Le rutabaga à collet rouge et le bronzé ou collet vert, sont les meilleurs que l'on puisse donner aux bêtes Les moutons en sont très avides, c'est une racine d'un produit considérable et bien précieux pour la nourriture des bêtes à l'étable pendant l'hiver.

On prépare quelquefois le rutabaga pour la table, mais c'est un aliment peu recherché.

Il me reste à vous faire connaître en ce moment de quelle manière les racines sont conservées pendant l'hiver.

Lorsque les betteraves, carottes, pommes de terre, etc., sont arrachées, on les laisse se ressuyer pendant quelque temps sur le sol, puis on les transporte dans des fosses nommées silos, creusées dans la terre sèche à une profondeur de 30 à 50 centimètres. La largeur de ces fosses est de 2 mètres et leur longueur indéterminée.

Le fond et les côtés sont recouverts d'un peu de paille sur laquelle on étend les racines jusqu'à la hauteur d'un mètre 50 centimètres, puis on les recouvre de terre que l'on bat fortement pour l'égaliser et la rendre imperméable. A l'extrémité supérieure on établit des espèces de cheminées, au moyen de tuyaux de drainage, qui permettent à l'air de circuler librement dans le silo.

Les eaux provenant des pluies et des dégels, pourraient, si elles séjournaient au pied des silos, compromettre le contenu; on doit donc travailler à les en éloigner, pour cela on creuse tout alentour des fossés d'écoulement qui viennent déboucher à une certaine distance dans le fossé qui borde le champ.

Les pommes de terre se conservent très-bien dans les caves si l'on a soin de les recouvrir d'un lit de paille en hiver.

Les navets et les rutabagas pourrissent facilement. On ne peut les conserver qu'en les plaçant par couches peu épaisses dans des endroits bien secs et à l'abri des grandes gelées, et même, si l'espace le permet, on se contente de les étendre en un seul lit sur le sol.

M. DUMONT. — Nous avons fait une bonne leçon aujourd'hui mes amis, nous avons tous mérité un peu de repos, vous pour avoir écouté si patiemment et si attentivement nos explications, M. Durand et moi pour vous les avoir données.

Il est tard, les ouvriers reviennent des champs et vont prendre leur repas du soir. Le soleil semble aussi nous inviter au repos. C'est un bon guide, suivons son exemple et ce dicton :

« LÈVE-TOI AVEC LE SOLEIL, COUCHE-TOI AVEC LUI. »

Remettons à Jeudi prochain la suite de nos entretiens. Voilà que nous arrivons à grands pas à la moisson, tâchons d'avoir avant cette époque, terminé l'étude des plantes qui nous restent à passer en revue.

En attendant je vous engage à repasser tous les détails qui vous ont été donnés aujourd'hui, afin de vous les bien graver dans la mémoire. Il y a un proverbe qui dit :

« LA CLEF DONT ON SE SERT EST TOUJOURS CLAIRE. »

Cette clef, c'est votre intelligence ; mettez-la toujours en activité, elle se développera, deviendra plus lucide ; laissez-la inactive, elle se rouillera, s'obscurcira et aucune idée saine ne pourra plus y trouver place. C'est ce qu'un autre proverbe exprime encore en disant :

« LA PARESSE REND TOUT DIFFICILE, LE TRAVAIL REND TOUT AISÉ »

QUATRIÈME PROMENADE DE JUILLET.

CHAPITRE XXX

CULTURE DES LÉGUMINEUX OU DES FARINEUX. —

LES FÈVES, LES FÉVEROLES.

M. DURAND. — Mes chers amis, M. Dumont m'a fait savoir qu'il vous attend aujourd'hui à la ferme, et qu'il se met à votre disposition pour vous continuer ses leçons, si aucun devoir ne vous retient à l'école.

C'est Jeudi, j'ai été content de votre travail, rien ne nous empêche de nous rendre à sa bienveillante et gracieuse invitation.

Nous n'aurons plus je crois à nous occuper que des

farineux, c'est-à-dire des plantes dont les fruits sont renfermés dans des cosses, tels que les pois, les fèves, les haricots, etc. Nous aurons sans doute le temps de tout étudier aujourd'hui. Nous partirons un peu plus tôt que de coutume afin de n'être pas obligés de revenir faute de temps pour tout voir.

Il était à peine une heure lorsque l'on arriva à la ferme. M. Dumont était fort occupé à donner ses ordres pour le travail de l'après-midi. Nos amis attendirent qu'il eût terminé. Pendant ce temps M. Durand leur faisait remarquer la propreté, l'ordre, l'activité qui régnaient dans la vaste cour. Tous étaient émerveillés du spectacle vraiment ravissant qu'ils avaient sous les yeux. Cette cour, ils l'avaient vue bien des fois, mais jamais elle ne leur avait paru si belle. On n'aperçoit les beautés des choses qu'en étudiant les détails. Ils se promettaient intérieurement, si un jour ils devenaient fermiers à leur tour, de prendre pour modèle le beau manoir de leur vénérable professeur.

Après s'être assuré que ses instructions avaient été bien comprises, M. Dumont se retourna vers le groupe des jeunes gens qui l'écoutaient silencieusement, il leur souhaita le bonjour puis il leur demanda s'ils étaient dans de bonnes dispositions pour écouter ses leçons. Les élèves lui répondirent d'une commune voix: Oui, Monsieur, plus que jamais nous serons heureux de vous entendre.

Nous n'avons pas oublié les recommandations que vous nous avez faites en terminant votre dernier entretien, aussi nous avons bien travaillé et nous croyons que vous serez content de nous.

L'INSTITUTEUR. — Cette semaine a été presque tout entière consacrée à l'agriculture. Compositions, problèmes, lectures, tout a roulé sur cette matière. Je vous apporte les copies du résumé du dernier entretien.

M. DUMONT. — Je lirai ces copies avec beaucoup de plaisir

aussitôt que je serai de retour à la ferme, et je veux décerner une récompense aux élèves qui auront le mieux traité leur sujet. Je vous ferai connaître le résultat de mon examen jeudi prochain, et comme Dimanche je vais à la ville, j'aurai soin de rapporter trois bons livres d'agriculture, que je donnerai aux trois plus méritants. Revenons à nos champs. — Au mois de Mars vous avez dû voir planter des fèves, mais comme nous étions fort occupés à autre chose, nous n'avons pas eu le temps d'y arrêter notre attention. Je vais vous en parler aujourd'hui en détail.

Je ne vous dirai rien pour le moment de la fève de marais qui ne convient pas à la grande culture, nous y reviendrons lorsque nous visiterons mon potager.

La fève de cheval et la féverole se plantent au mois de Mars soit à la charrue soit à la volée.

Les fèves demandent à être fumées. L'engrais qui leur convient le mieux c'est le fumier d'étable frais, il doit être enfoui par un labour de 15 à 20 centimètres de profondeur et la terre doit se reposer pendant quelque temps.

Les fèves n'exigent pas cependant un sol riche, elles se contentent de ce qu'on lui donne ; mais on obtient de plus beaux résultats en paille et en grain lorsqu'on les fume légèrement. Il en est pour cela comme pour beaucoup d'autres choses, on fait sans ; mais on ferait mieux avec.

Dans les premiers jours de Mars et même déjà à la fin de Février, si le temps le permet, on peut planter les fèves. Il existe pour cela deux procédés dont l'un très-expéditif consiste à semer à la volée en enterrant avec la herse, ou en lignes, à l'aide de la charrue. Par ce dernier moyen le travail est plus long, mais aussi comme il est mieux fait !

La charrue trace les sillons comme pour la pomme de terre, et des ouvriers y placent des fèves à cinq ou six centimètres de distance les unes des autres. La terre du second sillon vient recouvrir le premier et le second se trouve à son tour planté puis recouvert par le troisième, jusqu'à ce qu'on soit arrivé au bout du champ. Lorsque l'opération est terminée, on herse et on roule la terre. Les sillons ne doivent pas avoir plus de 7 à 8 centimètres de profondeur et doivent être espacés de 20 à 30. Un proverbe dit :

ÉLOIGNE-TOI DE MOI, JE RAPPORTERAI POUR TOI.

Ce qui signifie que la fève ne doit pas être semée trop drue.

Lorsque les fèves sont prêtes à lever, on doit leur donner un coup de herse pour écroûter la terre et faciliter leur sortie.

Au mois de mai les herbes nuisibles commencent à se montrer. Il faut alors les biner profondément, ce qui accroît considérablement leur développement.

Au mois de Juin un second binage est nécessaire pour détruire les herbes qui ont repoussé, et procurer un peu de fraîcheur aux racines ; car on dit avec raison, vous devez vous le rappeler, qu'un bon binage vaut un bon arrosement.

Pour planter un hectare de terre, il faut environ 2 hect. 1/2 de fèves, et je crois bien, d'après ce que je puis en juger, que le produit sera à peu-près de 35 à 40 hectolitres.

Les fèves et particulièrement les féveroles sont excellentes pour l'engraissement du bétail, surtout lorsqu'elles sont données moulues et délayées avec du son dans de l'eau tiède.

Cette nourriture est connue dans le département du Nord sous le nom de *miture* ou *mouture*.

La fève donne aux chevaux plus de force que l'avoine elle-même. Dans les moments de grande fatigue, lorsque ces pauvres bêtes n'ont plus ni repos, ni trêve, une ration de fèves, le soir, au retour des champs, répare leurs forces et leur donne une nouvelle ardeur pour le travail.

Les fèves et les féveroles sont quelquefois cultivées pour

servir de fourrage. Dans ce cas on les coupe en vert à l'époque où les cosses sont bien formées et avant qu'elles ne sèchent. On obtient ainsi une nourriture très-substantielle et très-recherchée des chevaux.

un élève. — Ne peut-on pas aussi se servir des fèves et des féveroles comme engrais vert. J'ai vu l'an dernier M. Cormont qui en enfouissait.

m. dumont. — Oui, mon ami, et c'est même le meilleur des engrais verts. Mais souvent on ne les enfouit que lorsque les pucerons les ont envahies et qu'il n'y a plus d'espoir de les sauver. On attend que la floraison soit terminée et puis on écrase les tiges, en passant le rouleau de fer, après quoi on enterre à la charrue. C'est bien ce que vous avez vu faire je crois.

On ne connaît aucun remède aux deux fléaux qui attaquent et détruisent souvent les récoltes de fèves, la rouille et les pucerons. Le meilleur moyen lorsqu'on s'aperçoit que la rouille s'est déclarée, c'est de retourner le champ ; si au contraire, il est attaqué des pucerons, le développement rapide de la plante peut seul la sauver ; si l'on craint que ce développement soit trop long à se prononcer il faut se résigner à enfouir.

La récolte se fait en arrachant les tiges ou en les coupant avec le piquet. On met les javelles sur la terre où on les laisse pendant huit jours.

Au bout de ce temps on en fait de petites bottes que l'on dresse sur le sol jusqu'à ce qu'elles soient parfaitement sèches, après quoi on les met en meules pour être battues au fur et à mesure des besoins.

CULTURE DES POIS.

Dans les environs des villes importantes on voit quelquefois de vastes champs couverts de pois ramés de place en place.

Ces pois doivent servir à la table et ce n'est que par exception qu'on les cultive en grand. Le pois des champs au contraire que l'on mange rarement en vert, à cause de sa saveur légèrement amère, se cultive sur une grande échelle dans le nord de notre département.

On plante préférablement le pois nain à fleurs blanches, et quelquefois mais plus rarement le pois vigoureux à fleurs rougeâtres.

Le pois aime une terre meuble, légère, il vient bien après toute espèce de récolte. Ceux que vous avez sous les yeux ont été mis après le blé.

La terre est préparée par un déchaumage et deux labours dont l'un avant l'hiver et l'autre au printemps. Après le dernier labour on sème en lignes à raison de 2 hectolitres à 2 hect. 1/2 par hectare. On recouvre par le passage de la herse, puis on roule pour conserver un peu de fraîcheur à la semence.

On peut réserver ses pois pour avoir de la graine qui servira à faire des potages et des purées, ou bien on peut les faucher en vert lorsqu'ils sont en fleurs, pour les faire sécher et les donner en fourrages secs aux bestiaux.

UN ÉLÈVE. — Il me semble qu'il n'y a pas grand profit à se servir de ces pois comme fourrage.

M. DUMONT. — C'est là ce qui vous trompe, mon ami un bon fourrage de pois vaut tout autant que la semence; du reste on ne les fauche que lorsque les cosses sont déjà bien formées, de manière que les bêtes profitent de l'un et de l'autre ; et puis, cela ne se fait que lorsqu'on manque de nourriture, et vous saurez qu'alors le fourrage n'a pas de prix.

On fait la récolte des pois à la faux ou à la faucille lorsqu'ils ne sont pas encore trop secs car ils s'égrèneraient. Dès qu'ils sont abattus, on en fait de petites bottes qu'on laisse sécher huit ou dix jours sur la terre, en ayant soin de les retourner plusieurs fois si le temps est humide ; après cela on les rassemble en bottes plus volumineuses qu'on laisse encore sur le champ pendant quelques jours, et qu'on rentre pour les battre aussitôt qu'elles seront bien séchées.

Les pois sont épuisants et ne doivent revenir qu'au bout de sept ou huit ans dans la même terre.

Je vous ai déjà fait voir du fourrage où la vesce entre mélangée avec du froment et du seigle, on fait encore des fourrages appelés *warats* avec des pois gris, des féveroles, de de l'avoine, et des vesces.

Cette culture se prépare par deux labours avant l'hiver sur chaume de blé, et en donnant avant le printemps un vigoureux coup de herse croisé, après lequel on peut semer à la volée en mélangeant : 20 litres d'avoine, 100 litres de vesces, et de pois gris et quatre hectolitres de fèves pour les empêcher de verser. On enterre par un bon coup de herse de fer. Un excellent engrais pour cette récolte, et qui produit les meilleurs effets, c'est un mélange d'urine humaine, de plâtre et de cendres de bois.

CULTURE DU HARICOT.

Le haricot est sans contredit une des plantes les moins difficiles quant à la culture et aux soins à lui donner. Il est précieux pour l'alimentation ; malheureusement il a un défaut, c'est d'occasionner des vents et de se digérer assez difficilement ; cependant, pris avec modération, c'est un aliment nourrissant.

Le haricot est très-sensible au froid ; on doit attendre pour le planter que les dernières gelées de Mars soient passées. C'est ordinairement au milieu ou à la fin d'Avril que cette opération a lieu. Il n'aime pas une fumure fraîche et ne doit pas être planté profondément. Voici en pleine terre comment je le cultive :

Je fais succéder le haricot à une récolte d'avoine ; après avoir dechaumé et donné un bon labour avant l'hiver, je laisse reposer la terre jusque dans les premiers jours d'Avril, époque à laquelle on donne un second labour, suivi d'un troisième quelques jours avant la plantation, mais très-superficiellement.

Le meilleur moyen de les planter, c'est de faire à la houe des rigoles distantes les unes des autres de 40 à 50 centimètres et profondes de 3 à 4 au plus. On met environ 40 à 50 grains par mètre.

J'ai toujours obtenu de beaux produits en employant avant la semaille du tourteau en poudre, ou environ 140 hectolitres de courte-graisse par hectare, et en faisant mettre dans les rigoles des cendres de bois, ce qui produit des effets remarquables.

Dès que les plantes ont quatre feuilles, on les bine délicatement afin de ne pas les déraciner, le haricot ne s'enfonçant pas fort en terre pour y puiser sa nourriture. On dit qu'il aime un fond solide et une surface meuble.

Au second binage qui se donne quinze jours ou trois semaines plus tard, on rehausse les plantes afin de leur donner du pied. Lorsque les mauvaises herbes se montreront de nouveau, et si l'on a des bras, on fera bien de sarcler à la main. Cependant le haricot peut se passer de ce dernier travail. On arrache les haricots en Août ou en Septembre dès que les cosses sont bien formées ; on en fait des paquets qu'on laisse sécher la tête en bas.

Quand ils sont secs, on plante perpendiculairement, de distance en distance, des perches de 4 à 5 mètres de longueur, tout autour desquelles on arrange les haricots, de manière à ce que les racines soient tournées en dedans.

Lorsque le tas est arrivé à la hauteur de 3 mètres, on le recouvre d'une botte de haricots qu'on lie à la perche au moyen d'un lien de paille ; c'est dans cet état qu'ils finissent de sécher.

CULTURE DE LA LENTILLE.

Je n'ai que peu de chose à vous dire de la lentille, sa culture étant la même que celle des haricots et des pois.

Elle aime une terre calcaire, les terrains argileux et compactes lui conviennent aussi, s'ils sont bien ameublis par des labours donnés en automne, en hiver et au printemps.

On met environ 150 litres par hectare et on enterre par un coup d'extirpateur.

La paille est un fourrage qui équivaut au meilleur foin ; Comme elle est très-nutritive, on ne la donne jamais que mélangée.

La récolte se fait comme celle des pois, et dès que l'on s'aperçoit que les gousses commencent à noircir. C'est un légume délicat, très-recherché et très-nourrissant, comme le prouve un rapport de plusieurs savants tout récemment présenté à M. le Ministre de l'intérieur ; c'est elle qui sert de base à une foule de préparations très-renommées et particulièrement de la Revalescière si recherchée aujourd'hui par les malades faibles de poitrine.

Nous allons maintenant rentrer à la ferme et vous pourrez vous livrer à vos jeux, ou si vous êtes trop fatigués vous reposer pendant que j'irai donner un coup d'œil à mes étables et à mes écuries, afin de m'assurer que tout est à sa place, car dit La Fontaine :

« IL N'EST POUR VOIR, QUE L'ŒIL DU MAITRE. »

et je ne me repose sur personne du soin de surveiller mes bêtes.

CHAPITRE XXXI.

LE HOUBLON ET LE TABAC.

Nous pouvons maintenant continuer notre promenade, j'ai fini ma tournée. Nous nous dirigerons vers le village, j'ai de ce côté deux champs de houblon et de tabac que je veux vous faire voir avant de terminer ma leçon.

Ces deux produits ne sont pas également utiles, l'un d'eux même l'est si peu qu'il vaudrait certainement mieux qu'on n'en fît pas usage.

Voici le houblon; c'est, comme disent les savants, une plante de la famille des urticées, ou plus simplement des orties. Il y a dix ans que j'ai introduit cette plante dans mon exploitation et je n'ai pas lieu de m'en repentir.

J'ai choisi pour la cultiver une pâture que j'avais fait rompre et qui était très-riche en humus, principe qui convient beaucoup au houblon.

Les labours ont été donnés à la bêche, l'un au mois d'Octobre, l'autre au mois de Décembre ; au dernier labour on a enterré le fumier pour qu'il eut le temps de pourrir complètement avant la plantation.

Au mois d'avril après avoir préparé de bons plants de trois ans sains et bien garnis de chevelu et ayant une couleur jaune d'ocre à l'extérieur et blanche en dedans, j'ai fait creuser des trous de 15 à 20 centimètres de profondeur et de 27 centimètres de diamètres dans lesquels j'ai fait mettre en rond trois ou quatre plants, de manière à ce que le chevelu fut bien étendu et que l'extrémité se trouvât à fleur de terre. Après avoir rempli les trous à la main avec de la terre légère et bien divisée j'ai fait arroser avec un mélange d'eau de fumier et d'urine, et saupoudrer de terre fine. Au mois de Mai les pousses, qui avaient atteint déjà une longueur de plusieurs décimètres, furent attachées à des perches de 3 à 4 mètres de longueur, que j'avais fait planter quelques jours à l'avance, afin de les aider à monter. Les pieds ont été buttés immédiatement après; jusqu'au moment de la récolte, sauf de fréquents binages afin d'entretenir la propreté de la houblonnière, il n'y a plus à toucher aux plantes.

La première année, des échalas de trois à quatre mètres suffisent, mais à partir de la deuxième et de la troisième, il est nécessaire de leur donner des perches de *sept*, *huit* et même *neuf* mètres ; c'est dans une houblonnière ce qui occasionne le plus de frais et demande le plus de soins.

Mon houblon est de la 2.e année, et vous voyez que déjà les grandes perches ont été plantées ; mais vous remarquerez aussi que les échalas de l'an dernier sont encore employés, de telle sorte qu'une seule perche sur laquelle on incline les échalas de droite et de gauche suffit pour deux plantes.

La récolte de la première année est insignifiante, aussi beaucoup de cultivateurs, pour retirer profit de leur terre, plantent-ils dans les intervalles des haricots, des pois, des pommes de terre, des choux, etc.

Lorsque la récolte est faite, on laisse mourir naturellement les tiges que l'on coupe ensuite fort près de terre. Vers le mois de novembre on retire les perches et l'on recouvre chaque plant d'un fort gazon afin de le préserver de la gelée et de l'humidité ; au printemps le gazon est enlevé et les jeunes pousses sorties de terre, coupées à fleur du sol ; pour guérir ces incisions, on saupoudre d'un peu de terre très-légère. Au mois d'avril on transporte du fumier d'étable, quoi qu'il soit préférable de mettre sur chaque pied une poignée de cendres de bois ou un demi tourteau de lin ou de colza.

Les tiges atteignent bientôt après, dix à douze centimètres ; on s'empresse alors de remettre les échalas de l'an dernier et, entre deux plants, une perche de huit à neuf mètres sur laquelle les échalas sont inclinés et attachés. Les tiges y sont ensuite liées à raison de trois à quatre par plant. La quatrième tige est conservée pour remplacer celles qui viendraient à mourir dans le cours de la végétation, et toutes les autres sont supprimées.

Lorsque leur longueur atteint un mètre, on remet au pied du fumier pourri que l'on recouvre d'un peu de terre de manière à former une butte.

Au mois de juillet les intervalles sont bêchés et les plantes de nouveau amendées avec du tourteau mélangé avec de la courte-graisse et de la terre fine.

Aucune plante, mes amis, ne demande plus de soins que le houblon, j'aurais encore beaucoup à dire si je voulais entrer dans des détails ; mas je ne veux pas vous surcharger l'esprit, sachez seulement que le cultivateur doit être sans cesse occupé de sa houblonnière. Il faut qu'il aille, à mesure que les tiges ont poussé, les attacher aux perches, en les tournant à droite du côté du soleil levant ; il doit couper les tiges qui partent du pied et qui ne feraient qu'épuiser les autres ; il doit donner des labours et des fumures, des sarclages et des binages continuels, des soins de propreté dont on ne se fait l'idée qu'en suivant pas à pas une houblonnière dans ses diverses phases.

Nous approchons de la cueillette et je veux avant la moisson vous en faire connaître chacune des opérations, dans la crainte que le travail ne m'empêche de le faire à cette époque.

On reconnaît à la couleur jaune que commencent à prendre les cônes et à leur odeur particulière, que les houblons sont bons à récolter. On profite pour ce travail d'une belle et chaude journée et l'on commence en préparant de place en place des perches suspendues horizontalement à un mètre de hauteur. C'est ce que l'on appelle un chantier.

Ces perches sont destinées à soutenir les échalas que l'on va arracher du sol couverts de houblon.

L'arrachage se fait au moyen d'un levier qu'on fiche en terre et qui soulève l'échalas, pendant qu'un homme le soutient et le tire au dehors. L'échalas est ensuite porté sur le chantier.

Des enfants sont employés à la cueillette, ce travail doit se faire avec précaution afin de ne pas laisser adhérer aux cônes des bouts de queues ou des petites feuilles qui leur feraient perdre leurs qualités marchandes.

Les cônes arrachés sont transportés au séchoir et étendus sur des claies à l'épaisseur de 4 à 5 centimètres ; ils restent là plusieurs jours afin qu'ils aient le temps de perdre toute leur humidité, après quoi ils sont transportés dans un grenier bien sec par couches d'un mètre, et on les y laisse suinter pendant neuf à dix jours ; on remue le tas de temps en temps afin que la dessication soit bien égale, on emballe alors le houblon et ou le livre au commerce.

Le houblon sert à faire la bière, ce vin des pays froids, il lui communique une saveur amère très-délicate ; il est le condiment nécessaire sans lequel cette boisson serait fade et désagréable ; c'est au houblon enfin que la bière doit la propriété de pouvoir se conserver pendant un assez long espace de temps sans se corrompre.

LE TABAC.

Personne de vous n'a contracté, j'aime à le croire, la fâcheuse habitude de fumer ; vous êtes encore pour la plupart trop jeunes pour cela ; mais le goût pourrait vous en venir et je veux vous mettre en garde contre cette étrange manie.

L'usage du tabac occasionne une masse de désagréments et je vous assure que bon nombre de fumeurs sacrifieraient beaucoup pour se débarrasser de cette habitude ruineuse.

Dans le principe de la découverte de cette plante, et lorsqu'on lui attribuait des propriétés merveilleuses dans certaines maladies, son emploi sous toutes les formes pouvait avoir sa raison d'être ; mais aujourd'hui il ne peut plus s'expliquer, car il est reconnu que l'usage du tabac loin d'être favorable à la santé ne peut que lui porter préjudice.

Je consacre au tabac une très-petite partie de mes terres. Cette plante n'est précieuse que par l'argent qu'elle rapporte au Trésor. Je vais vous faire connaître brièvement la culture qui lui convient le mieux.

Le tabac vient bien dans les terrains qui ont servi au blé ou dans les pâtures rompues.

Le champ que vous voyez a été préparé par quatre labours deux avant l'hiver et deux après le transport des engrais, au mois de Mars.

Le meilleur fumier pour le tabac, c'est le fumier d'étable bien consommé et le tourteau dissous dans la courte-graisse ; après avoir hersé et roulé on sème en pépinière à la volée.

Au mois de Juin on repique au cordeau en espaçant les plants de 50 centimètres en tous sens. Le repiquage doit toujours être fait sur fumure fraîche et arrosée de courte-graisse ; aussitôt que les feuilles se relèvent, on bine et l'on répand du tourteau ; quelque temps après on bine de nouveau et on butte ; après cette opération on étête les plantes et on retranche à trois reprises différentes les bourgeons qui se montrent aux aisselles des feuilles, afin qu'elles puissent se développer le plus possible, car là est la valeur de la plante.

Lorsque le tabac devient jaune, on le coupe à la faucille et l'on enlève les feuilles que l'on enfile à un cordon pour être suspendues pendant huit jours dans un séchoir ; au bout de ce temps l'on en fait des petits paquets ou carottes que l'on entoure de paille, et c'est ainsi qu'on livre le tabac à l'administration.

Je ne vous entretiendrai pas plus longtemps de cette plante, ce que je viens de vous en dire vous donnera une idée suffisante de sa culture. Le temps nous presse, la moisson va arriver ; nous aurons bientôt des occupations si absorbantes qu'il nous sera peut-être bien difficile de continuer nos leçons,

Je suis désolé que le devoir vous retienne à l'école pendant huit jours entiers, peut-être ce court espace de temps va-t-il bien changer l'aspect des champs, peut-être n'aurez-vous plus rien à voir lorsque vous reviendrez ; nos leçons perdront de leur intérêt, je le regrette vivement, mais je n'y puis rien faire ; résignons-nous donc à ce que nous ne pouvons empêcher et espérons qu'il restera bien encore sur la terre quelques épis et quelques ouvriers pour les rentrer. Nous voilà tout près du village, retournez chez vous, moi je vais regagner la ferme. Adieu, mes amis !

PROMENADE DU MOIS D'AOUT.

CHAPITRE XXXII.

LA MOISSON.

Le premier jeudi du mois d'août, à quatre heures du matin, tous nos jeunes amis étaient réunis dans la grande salle de l'école attendant le signal du départ. On allait surprendre M. Dumont, aussi quelle joie brillait sur tous les visages !

Quelques petits ouvrages sans conséquence avaient un peu

retardé la moisson ; on allait donc encore trouver les champs couverts de leurs riches moissons, on verrait faucher, botteler, transporter, quel bonheur! nos amis ne se sentaient pas de joie. On part...on approche.. on ne va pas à la ferme, on a vu M. Dumont dans un champ de blé, déjà occupé à donner ses ordres... on se cache derrière les haies, les grands buissons du champ Boulet, et tout-à-coup à l'improviste vingt voix s'écrient : Bonjour M. Dumont!

M. Dumont se retourne surpris et leur dit : comment mes amis vous voilà déjà en promenade à cette heure matinale, vraiment il n'y a que les oiseaux, les ouvriers des champs et les véritables admirateurs de la belle nature qui soient déjà levés, vous me forcerez à croire que réellement vous avez un goût très-prononcé pour l'étude de l'agriculture ; vous me comblez de joie.

LES ÉLÈVES. — Nous n'avons pu, Monsieur, résister plus longtemps au désir de venir vous voir. Depuis huit jours, nous assiégeons notre bon maître pour qu'il nous conduise à la ferme, les obligations de son état ne lui ayant pas permis de devancer le jour de la visite, il a au moins cédé à nos désirs en en devançant l'heure.

M. DUMONT. — Cette impatience loin de m'être importune me plaît infiniment, je vais vous continuer mes leçons avec un nouveau plaisir, car je vois à n'en plus douter, que vous savez apprécier la valeur du sacrifice que je vous fais, en vous consacrant mes plus précieux moments à cette époque de l'année.

Allons donc voir nos moissonneurs puisque vous le désirez tant. Regardez quelle nature vivante, écoutez le chant mélodieux du rossignol, le gazouillement des moineaux ; ils ont ici large pâture.

Voyez ces épis blonds qui tombent sous la faux, aspirez-vous comme moi les suaves senteurs qui s'exhalent de tous côtés, on se sent vivre ici, on a de l'air, de l'espace, on est heureux; et la vue de toutes les richesses que Dieu chaque année fait produire à la terre nous comble de joie, de bonheur et de reconnaissance.

Voici des faucheurs, des gerbeurs, des lieurs; voyez, là-bas les moyettes; et plus loin on dresse déjà les blés, regardez cette nuée de glaneuses, elles auront bientôt fait ample moisson dans ce vaste champ; laissons les faire, ce sont des pauvres, et l'épi qu'elles ramassent c'est l'aumône du bon Dieu; faisons comme Booz, laissons tomber quelques épis, nous ne serons pas ruinés pour si peu et notre charité sera récompensée là-haut.

Prenez un épi, frottez-le, vous voyez que le grain, quoique légèrement flexible, résiste cependant à la pression de l'ongle; c'est dans ces conditions que le blé doit toujours être coupé. Trop sec il devient brun et corné; trop mou, il n'a presque pas encore acquis de qualités nutritives.

Dans la pluralité des cas on ne doit pas attendre que les plantes soient mûres pour les abattre; ainsi le colza, la navette, l'œillette, etc., doivent être cueillis lorsque les siliques ou les capsules commencent à jaunir; mais il ne faut pas non plus que le grain soit mou et laiteux jusqu'au point de ne pouvoir supporter la plus faible pression, ce serait détruire les récoltes et avec de bons produits en faire de détestables.

Dans le commerce on recherche les farines d'une parfaite blancheur, et comme les blés coupés tôt les donnent telles, beaucoup de cultivateurs ne manquent pas de les abattre avant qu'ils ne soient suffisamment mûrs. Ainsi, comme cela arrive souvent en ce monde, on préfère l'apparence à la réalité; on recherche une parure qui cache la misère plutôt que le modeste vêtement qui couvre la richesse.

Récolter trop mûr est aussi un défaut. Non-seulement par ce moyen il se perd sur la terre une grande quantité de grain, mais encore la sécheresse le rend dur et corné, il fournit alors beaucoup plus de son que de farine ; il faut prendre un juste milieu et faire faucher lorsqu'on s'aperçoit que le grain résiste assez bien à la pression de l'ongle.

L'orge et le seigle adhérant plus fortement à l'épi que le blé, on pourra les laisser mûrir sur pied d'une manière complète.

L'avoine se récolte aussi avant sa maturité, parce que, vous l'avez sans doute remarqué, toutes les tiges ne sèchent pas en même temps et on est obligé, pour ne pas perdre son grain, de faucher plus tôt qu'il ne paraîtrait convenable; mais il n'est pas nécessaire, il est même pernicieux de laisser les gerbes plus de six à sept jours sur la terre, car elles finissent par fermenter et deviennent alors plus nuisibles qu'utiles aux animaux.

Revenons à nos faucheurs et examinons ensemble de quelle manière ils s'y prennent pour accomplir leur dure besogne.

A l'aide de la faux le travail paraît plus fatigant, voyez ces ouvriers, tout leur corps est en mouvement et constamment baissé ; avec la pique au contraire, le travail est moins rude et les gerbes tombent plus rapides, le poignet seul agit et le corps presque droit n'éprouve pas autant de fatigue ; après cela, tout dépend de l'habitude et je laisse mes ouvriers parfaitement libres sur le choix de leurs outils, dès l'instant que l'ouvrage est promptement et proprement fait.

Les moissonneurs sont suivis par des femmes qui forment les javelles que des ouvriers viennent aussitôt lier, d'autres ouvriers dressent les moyettes pour les faire sécher pendant une couple de jours encore.

Si le temps, au lieu d'être beau et sec, était humide et pluvieux, je ferais mettre mes javelles non liées en moyettes, afin que l'air puisse pénétrer partout et la pluie s'écouler sans y séjourner un instant.

Comme nous n'avons pas, grâce à Dieu, à craindre de mauvais temps, on peut déjà lier les gerbes et les dresser par moyettes de dix gerbes appelées dizeaux.

On charge dans le champ voisin ; le chariot passe dans les rangs de dizeaux et s'arrête à chacun d'eux pour le charger. Un ouvrier armé d'une fourche enlève les bottes et les passe au chargeur qui se trouve sur le chariot et qui les arrange par lits, jusqu'à ce qu'il en contienne quatre cents qui est la charge ordinaire ; on pourrait en mettre davantage, mais je ne crains pas la pluie, je ne suis pas trop pressé et je préfère épargner mes bêtes qui sont déjà assez fatiguées du travail de cette saison.

Mes ouvriers aussi ont besoin de se modérer pendant ces grandes chaleurs qu'ils supportent depuis le matin jusqu'au soir. Je leur recommande toujours de ne pas se hâter, pas de coup de collier, leur dis-je, qui va doucement va loin ; il est une règle d'hygiène que je leur rappelle souvent, c'est de ne pas boire beaucoup d'eau, surtout lorsqu'ils sont en transpiration ; je suis leur maître, je dois veiller à leur santé, à leur bien-être tout autant qu'à leur moralité, et je me croirais coupable si je ne les mettais à l'abri du moindre accident.

Je leur donne chaque jour pour se désaltérer environ deux litres d'une tisane de café ; le café est un tonique, il empêche la transpiration qui épuise si fort l'ouvrier, il donne des forces et désaltère mieux que toute autre boisson.

Qui voit faire la moisson du blé, voit faire celle de toutes les autres céréales, c'est exactement la même chose.

Suivons cette voiture que l'on va décharger à la ferme. Malgré leur étendue, mes granges sont encore insuffisantes pour contenir toute ma récolte, et je suis obligé de faire des meules ; en voici qui sont presque terminées, il ne reste plus qu'à les couvrir. Au-dessous de chaque meule, j'ai fait placer des poutres épaisses sur lesquelles on a mis des planches afin d'empêcher l'humidité de la terre de se communiquer aux gerbes, de cette manière je les conserve intactes jusqu'au moment où j'aurai à m'en servir.

Dieu a récompensé les efforts des cultivateurs. Dans quelques jours la terre va être dépouillée de ses fruits les plus précieux, soyons reconnaissants au Maître de l'univers de tant de bienfaits. Pour moi, dont les cheveux ont blanchi sur le sillon, qui ai jugé Dieu tous les jours dans les merveilles de la nature, et qui me trouve à chaque instant en présence de ses œuvres, je m'incline devant sa puissance, je puise dans son sein la force et le courage, l'énergie dans l'adversité; j'espère lorsque la mort viendra terminer ma vie de labeurs, obtenir la palme du travailleur, et, n'ayant jamais oublié Dieu, recevoir une place à côté de lui.

Je n'ai plus rien à vous dire, mes amis, concernant la moisson; vous avez tout vu, tout étudié avec moi, je n'ai négligé aucun détail pour que votre instruction fût aussi complète que possible. A vous maintenant à profiter de mes leçons, travaillez, car sans cela vous auriez bientôt perdu tout le fruit de vos études. A votre tour vous deviendrez des hommes, soyez le modèle et l'exemple des cultivateurs de ce pays. Ayez l'intelligence, la vertu et le courage; avec la vertu et le travail on arrive sinon à la richesse, du moins à une heureuse aisance, ce sera votre récompense dans votre vieillesse.

Après les paroles de M. Dumont, les jeunes gens promirent de suivre ses conseils et ses exemples et le remercièrent avec cœur des peines qu'il s'était données pour les instruire. L'excellent M. Durand, interprète de leurs bons sentiments, se joignit à eux, et pour sa propre part témoigna à M. Dumont toute sa reconnaissance pour le service qu'il avait rendu à lui et à ses élèves, en leur communiquant, d'une manière durable et profonde, le goût des travaux des champs et des idées saines et utiles sur la culture des terres. M. Dumont ne voulut pas laisser partir ses élèves sans leur donner une nouvelle marque de bonté. Il les assembla tous à un repas qui eut lieu dans la grande salle à manger de la ferme ; plusieurs cultivateurs des environs étaient venus pour assister à ce repas et voir en même temps la jeune pépinière que les soins de M. Dumont avait formée pour l'avenir. Ces messieurs furent enchantés des succès qu'il avait obtenus; à toutes les questions qu'ils posaient, il leur était donné une réponse; ils en étaient surpris, émerveillés.

Enfin on arriva au dessert, je ne veux pas essayer de décrire la gaîté et le plaisir qui y régnèrent, M. Dumont se multiplia, se rajeunit pour communiquer partout la joie; il y réussit, car on ne se quitta qu'à regret et ce ne fût que bien avant dans la soirée que l'on reprit le chemin du village.

PROMENADE DU MOIS DE NOVEMBRE.

CHAPITRE XXXIII.

VISITE DES BATIMENTS DE L'EXPLOITATION, LES ÉCURIES, LES ÉTABLES, LES INSTRUMENTS DE CULTURE, SOINS A DONNER AUX BÊTES.

Environ trois mois après leur dernière visite à la ferme, nos jeunes amis, qui depuis ce moment n'avaient cessé de s'informer à leur maître du jour où M Dumont pourrait les recevoir, apprirent un matin avec satisfaction que le lendemain dans l'après-midi ils pourraient se présenter chez leur vieux professeur, pour y continuer leurs leçons interrompues par la récolte.

Aussitôt chacun se prépara à cette promenade, et comme ils savaient que M. Dumont ne manquait jamais de les questionner sur ce qu'ils avaient précédemment appris, ils repassèrent avec ardeur les notes que M. Durand les avait engagés de prendre, et ils furent bientôt en état de se présenter sans crainte devant leur vénérable professeur.

Enfin le moment si désiré du départ arriva, chemin faisant on étudiait encore, on aurait eu honte de paraître hésiter devant M. Dumont, cependant on arriva à la ferme et on fut accueilli avec l'affabilité ordinaire. M. Dumont parla à ses élèves de leurs études et leur témoigna le regret de n'avoir pu les recevoir depuis la moisson. Après un examen récapitulatif dont il se déclara satisfait, il les conduisit à ses écuries pour leur en faire voir la construction et l'arrangement intérieur.

Je ne vous donne pas ma ferme, mes amis, leur dit-il, comme un bâtiment de premier ordre, mais telle qu'elle est, elle peut être, je crois, prise pour modèle parmi toutes celles des environs, car elle a été construite sur les indications d'hommes compétents qui ont traité cette matière.

Voici ma maison d'habitation, je ne vous la montre que pour vous faire remarquer qu'il y règne le plus grand ordre en même temps qu'une propreté qui en fait tout l'ornement.

De quelque côté que je me tourne, soit du côté du verger, soit du côté de la basse cour, je vois d'un coup d'œil tout ce qui se passe dans la ferme.

La cour est vaste, propre, le fumier est bien soigné et parfaitement exposé à l'ombre, le passage pour les voitures et les chevaux est suffisant; la mare, le trou au purin, l'abreuvoir, tout a sa place distincte, séparée: je tiens fermement la main à tout cela, je veux que l'ordre établi ne soit jamais rompu, et ainsi tout marche avec une régularité parfaite. Allons à l'écurie... je vous vois tous étonnés, puis-je vous en demander la raison?

LES ÉLÈVES. — C'est que nous n'avons pas vu souvent d'écuries aussi belles et aussi propres.

M. DUMONT. — Voilà trente-deux ans, mes amis, que j'ai fait

construire ces bâtiments et j'ai voulu faire les choses convenablement du premier coup ; cela m'a coûté quelques écus de plus, mais je suis tranquille pour longtemps, et mes chevaux ont toujours été sainement logés, ce qui leur a donné une santé robuste dont je suis bien récompensé par leur travail.

D'après M. de Gasparin, un cheval a besoin, pour être à son aise, d'une longueur de quatre mètres, tant pour lui-même que pour le passage, l'auge et la sellerie que vous voyez suspendues derrière chaque bête. Il faut en outre une largeur de 1 mètre 75 centimètres et une hauteur de 4 mètres, car un cheval a besoin pour vivre de 25 à 30 mètres cubes d'air, chacune de mes écuries contient dix-huit chevaux, leur longueur est de 32 mètres, la hauteur et la largeur de 4 mètres, l'espace est donc bien suffisant.

Les chevaux sont séparés par des stalles pleines, pour les empêcher de se ruer les uns contre les autres, de se blesser et quelquefois même de s'estropier pour toujours.

Le ratelier est élevé de 1 mètres 40 centimètres au-dessus du sol ; afin d'éviter que le foin des rateliers ne tombe dans les mangeoires, j'ai fait avancer celles-ci de 35 centimètres.

Devant et derrière les chevaux j'ai fait établir des ouvertures au moyen desquelles, lorsqu'il fait trop chaud, l'on renouvelle l'air, mais on ne doit le faire que lorsque les bêtes sont sorties, car les courants d'air les exposeraient à des maladies.

Le sol est en béton et légèrement incliné du côté de la porte d'entrée où se trouve un conduit qui permet aux urines de s'écouler dans le trou au purin. Voici les lits où couchent les valets de charrue.

La besogne ici est bien simplifiée pour eux par le soin que j'ai pris de séparer les chevaux au moyen des stalles, et ce n'est pas peu de chose que d'avoir assuré le repos à des hommes qui supportent tout le poids du jour et les chaleurs de l'été.

Si vous vous étonnez des soins que j'ai apportés pour assurer le bien-être de mes chevaux, je vous dirai que les bêtes aiment comme nous leur commodité ; mieux elles sont nourries, et soignées, plus et mieux elles travaillent et c'est encore nous qui y gagnons le plus.

Voyez comme ces bêtes sont propres et luisantes ! Elles ont parfaitement travaillé cet été, cependant elles ne se ressentent pas le moins du monde de ce travail extraordinaire ; mais aussi elles sont soignées comme des bijoux ; tous les jours elles reçoivent un coup d'étrille, chaque valet soigne les siens et c'est à qui rivalisera de propreté.

Ces harnais sont tellement propres qu'on les dirait neufs, le cuir n'est pas rabougri, il n'écorche pas la peau des animaux, il ne les estropie point ; tous les huit jours ce qui à été endommagé est réparé, graissé et mis à sa place. Voilà le secret que je pratique pour conserver la santé à mes animaux.

On dit dans le village : « Nous perdons nos bêtes et M. Dumont n'en perd jamais ; on nous jette des sorts parce que nous sommes pauvres. » Illusion que tout cela, mes amis, savez-vous les sorts que l'on jette et ceux qui les font ; ces sorts ce sont la malpropreté, le manque de soins, la mauvaise nourriture, ceux qui les jettent, ce sont les cultivateurs eux-mêmes par leur négligence.

Et puis vous n'êtes pas assez niais pour croire à toutes ces balivernes de sorts, de sorcières, de sabbat. Ce sont des sornettes, des contes de vieilles femmes, propres tout au plus à endormir des enfants, quoique ces idées fausses qu'on leur inculpe ne vaillent jamais rien.

La nourriture qui convient aux chevaux consiste en fourrages verts et en fourrages secs donnés avec discernement, en avoine et en racines. Vous vous tromperiez grandement si vous croyez qu'il fut indifférent de donner ces divers aliments sans réflexion, en quantités non déterminées et à des heures irrégulières. En agissant ainsi on serait sûr que la maladie ne tarderait pas à survenir.

Si l'on donne des fourrages verts on doit avoir soin de les mélanger avec un peu de foin sec, car ils occasionneraient des indigestions; si c'est du foin, il est convenable de le mélanger avec un peu de paille. Enfin l'on ne doit jamais donner exclusivement de l'avoine ou des fèves dans la crainte des échauffements.

La carotte et la betterave font beaucoup de bien aux chevaux; en hiver elles varient leur nourriture et les rafraichissent, mais on ne leur en donne que de temps en temps, pour les tenir en bonne santé! La boisson qui leur convient le mieux c'est l'eau propre de rivière. On voit dans certains villages les animaux boire des eaux verdâtres et puantes. Il n'est pas étonnant après cela qu'ils deviennent malades et succombent bientôt sans que l'on sache à quoi attribuer ce malheur!

Eh! ouvrez donc les yeux, le poison est devant vous. Entretenez vos abreuvoirs dans un état constant de propreté, et vous verrez bientôt disparaître la moitié des accidents que vous déplorez. En prenant toutes ces précautions vous serez assurés d'avoir des animaux forts, sains et courageux.

Il me reste à vous dire deux mots des principaux caractères que doit réunir un cheval pour être réputé bon pour le travail des champs.

La tête doit être large, les oreilles fines et étroites. Les naseaux doivent être bien ouverts et l'encolure forte, le garrot élevé, le dos convexe, les muscles lombaires très-développés, la poitrine sera épaisse et large, les jambes auront une longueur convenable, enfin les flancs devront être arrondis. Si un jour vous êtes appelés à acheter un cheval, rappelez-vous ce que je viens de vous dire et vous serez rarement trompés.

LES ÉTABLES.

Nous avons encore le temps avant que la brune ne soit arrivée de parcourir mes étables et ma bergerie. Comme les écuries, mes étables ont été construites sur des données exactes. Autant de bêtes à cornes autant de fois 1 mètre et demi de longueur. Il y a ici place pour 28 têtes. Je vous ferai remarquer que le plafond est complètement fermé afin d'empêcher l'ordure et la poussière de tomber dans l'étable, de salir et d'aveugler les vaches. L'air se renouvelle, lorsque le besoin s'en fait sentir, au moyen de ces ouvertures placées en regard, et que je fais ouvrir lorsque les bêtes sont aux champs ou dans la basse-cour.

La litière est renouvelée deux ou trois fois par semaine en été, et jamais elle ne séjourne, comme c'est l'habitude encore dans quelques villages de notre département, à la porte des étables. Non-seulement ce procédé est malpropre, mais il fait perdre au fumier les trois quarts de sa valeur.

Avant de vous parler des moyens de reconnaître les bonnes vaches laitières, je vais vous dire deux mots des soins qu'elles réclament et de l'alimentation qui leur convient le mieux.

Vous le savez, les vaches nous fournissent le lait qui est une richesse pour la ferme et dont on retire le beurre et le fromage. Elles nous fournissent encore un engrais abondant et de bonne qualité. Enfin lorsque l'âge a épuisé leurs mamelles, elles nous donnent leur propre chair; à tous ces titres les vaches sont des animaux précieux dans une ferme.

Les fourrages verts fournissent aux vaches la plus grande quantité de lait. Dans nos contrées, nos vaches de pâturage, de prairies naturelles, nous procurent un lait aussi exquis qu'abondant. Une bonne vache doit donner de 10 à 15 litres de lait par jour.

Les plantes racines, navets, betteraves, turneps, rutabagas, etc., communiquent au lait une saveur désagréable, il est bon de ne les donner qu'en petites quantités et toujours mélangées. La carotte n'a pas ce défaut, elle fournit un lait délicat. Il en est de même des fourrages verts provenant des seigles, des escourgeons coupés avant leur maturité. Le lait ne cède en rien à celui de la carotte.

Les vaches ne donnent bien qu'après avoir fourni leur deuxième veau, c'est-à-dire vers quatre ans; elles peuvent durer jusqu'à sept ou huit ans; passé cet âge on fait bien de les mettre en graisse, car leur produit diminue très-sensiblement.

Je faisais observer l'autre jour à un marchand de bœufs que l'aspect de ses vaches était trop beau pour qu'elles fussent de bonnes laitières.

C'est vrai, me dit-il, mais c'est ce qu'il faut pour notre contrée. Le seul but n'est pas d'avoir du lait et du beurre; on veut encore, lorsque la bête aura vieilli, pouvoir en retirer le plus d'argent possible par l'engraissement.

Ceux qui courent deux lièvres à la fois n'en attrapent aucun. C'est ce qui arrive dans ce cas. Une vache laitière, quoique plus chétive en apparence, regagne bien par l'abondance et la qualité du lait qu'elle donne, son prix de boucherie.

Une bonne vache doit réunir les qualités suivantes que je vous prie de bien retenir. La tête doit être petite, creuse, maigre; les cornes seront plates, petites et effilées; les oreilles très-minces et jaunâtres en dedans, les épaules ressortiront et l'échine sera en lame de couteau, enfin la poitrine sera droite, sans graisse et le ventre bas.

Les pis nous fourniront aussi de précieuses indications. Ils seront allongés et très-moelleux, le duvet qui les recouvre devra être doux et gras au toucher. Les poils qui s'étendent depuis la queue jusqu'au pis doivent se rebrousser de bas en haut. Plus ces plaques de poils seront nombreuses, plus on aura de chance d'avoir une bonne laitière. Enfin je préfère une vache rouge ou une noire à une blanche, parce que si celles-ci donnent un lait plus abondant, celui des autres est plus riche en beurre.

LA BERGERIE.

» Je vais à présent vous faire voir la bergerie. La porte est ouverte, je crois, passez devant moi, mes amis.

LES ÉLÈVES. — Tiens, c'est étrange !

M. DUMONT. — Qu'est-ce qui vous étonne encore?

LES ÉLÈVES. — C'est qu'en entrant nous nous bouchions le nez et nous fermions les yeux pour ne pas être affectés par les gaz qui se dégagent ordinairement de la litière. Nous avons été fort surpris de ne rien sentir.

M. DUMONT. — Que cela ne vous étonne pas, mes enfants, je n'ai pas apporté moins de soins dans la construction de cette partie de mes bâtiments que dans le reste, et sous le rapport des commodités comme sous celui de l'hygiène, toutes les règles tracées par nos grands agronomes ont été mises à profit. Vous pouvez remarquer que les murs et le plafond sont fraîchement blanchis au lait de chaux, et cela dans un but d'assainissement. Ces lucarnes que j'ai établies de distance en distance renouvellent continuellement l'air intérieur qui reste pur et frais. Mais ce qui par dessus tout enlève les mauvaises émanations contre lesquelles vous vouliez vous mettre en garde en entrant, c'est le lit d'argile et de marne qui se trouvent placées sous la litière, et qui retiennent les urines ainsi que les gaz qui s'échappent constamment des excréments.

On a la mauvaise habitude de laisser les fumiers séjourner six mois, un an, même dans les bergeries. Lorsque la couche d'argile et de marne placée sous la litière est parfaitement imprégnée d'urines, il est utile de vider la bergerie, de renouveler le fond ainsi que la litière et de mettre en tas le fumier que l'on a retiré. Si malgré ces soins, l'odeur piquante persiste, on doit saupoudrer la litière d'un peu de plâtre.

Un mouton a besoin d'un mètre carré d'espace, un agneau 75 centimètres. Ma bergerie a environ 200 mètres carrés et elle renferme 210 moutons et agneaux. Vous voyez que l'espace leur suffit. Chaque mouton a sa place distincte au ratelier ce qui leur permet de prendre tous en même temps leur part des aliments qui leur sont distribués.

Ce qui convient le mieux aux moutons c'est, lorsque le temps le permet, la promenade aux champs. Quel est celui qui n'a pas vu ces nombreux troupeaux paissant dans la prairie sous l'œil du berger et la surveillance active des chiens. En hiver cependant on ne peut les y conduire parce que les froids sont trop rudes et la nourriture très-rare, on est obligé alors de les garder à la bergerie et de leur donner à manger. Ils se trouvent fort bien d'un mélange de fourrage sec arrosé d'eau salée et des racines, navets, rutabagas, etc. L'eau salée fortifie l'estomac et préserve de la pourriture. On peut encore leur donner, pour varier, un peu de tourteau de lin, de l'orge, des pommes de terre et en général toutes les céréales ainsi que leur paille.

Après l'hiver la laine qui recouvre les moutons et qui a considérablement poussé depuis la dernière tonte, commence à devenir inutile, le froid n'est plus tant à craindre pour eux. Aussitôt que le joli mois de Mai s'annonce, des tondeurs, armés de longs ciseaux, coupent cette chaude toison qui va rapporter au propriétaire un joli bénéfice, car la laine se vend cher aujourd'hui.

Il fait froid. Je ne veux pas vous retenir plus longtemps dans cette cour. Entrons à la ferme, là je vous parlerai, au coin d'un bon feu des maladies qui, trop fréquemment, détruisent nos bêtes et je vous ferai connaître en même temps les accidents dont le peu de gravité n'exige pas la présence du vétérinaire.

CHAPITRE XXXIV.

MALADIE DES ANIMAUX.

Les animaux sont sujets, comme les hommes, à une infinité de maladies toutes plus terribles les unes que les autres. Je ne veux point vous faire un cours de médecine vétérinaire, mais il me sera au moins permis de vous faire connaître les moyens à employer dans certains cas pressants. Il est utile pour le cultivateur d'avoir quelques idées de ces choses là. Il arrive tant d'accidents imprévus dans une ferme et le vétérinaire demeure souvent si loin, qu'il est bon de savoir appliquer les premiers remèdes.

Ainsi, il arrive fréquemment qu'un cheval se donne un effort, qu'allez-vous faire si vous n'avez aucune idée de la curabilité de cette affection? Vous appellerez le vétérinaire, il viendra peut-être pour rien. Il vous ordonnera des frictions vigoureuses sur la partie malade avec un linge de laine imprégné d'eau blanche ou d'eau-de-vie camphrée, qui souvent suffisent pour arrêter le mal, mais si l'affection continuait par exemple, alors n'hésitez pas à faire venir l'homme de l'art.

Les crevasses qui se déclarent au pli du paturon et au boulet guérissent facilement si l'on s'y prend à temps, le vétérinaire n'est pas nécessaire. Lavez vous-même la partie malade avec de l'eau de mauve et recouvrez-la d'un cataplasme de farine de lin. Vous recommencerez la même opération pendant quelques jours et vous verrez bientôt disparaître toute trace de mal.

Un cheval vient-il de se donner un coup violent au sabot, le pied s'échauffe et il boîte. Le repos suffit souvent pour le guérir, mais si ce moyen ne suffit pas, faites venir le vétérinaire.

Les vaches et les moutons sont très-sujets à la météorisation, le cheval l'est beaucoup moins, mais chez lui cette affection occasionne la mort.

La météorisation est produite par le dégagement du gaz provenant des fourrages humides, ou par une nourriture trop sèche. Elle se guérit facilement à son début en faisant promener la bête malade, en la bouchonnant fortement et en lui faisant boire de l'alcali volatil à la dose d'un vingtième de litre par litre d'eau ; si le mal était intense on pourrait introduire dans le rectum une seringue qui aspirerait le gaz, une fois la première seringuée tirée, le reste sort naturellement. Il est un autre procédé tout aussi bon qui consiste à introduire au fond de la bouche un bâton de la grosseur d'un manche à balai, et à le relever fortement vers le haut de la mâchoire supérieure, tandis que l'extrémité du bâton introduite dans la bouche force la langue à se tenir collée à la mâchoire inférieure. Le conduit du ventre est ainsi redressé et le gaz trouve là une issue par laquelle il s'échappe par bouffées ; mais les maladies les plus sérieuses qui attaquent les chevaux et les bêtes à cornes, ce sont la morve et le charbon.

Aussitôt que vous vous apercevrez qu'un cheval laisse couler de ses narines une matière d'un jaune verdâtre, abondante et striée de sang, abattez-le immédiatement, il n'y a pas de remède et vous-même pourriez vous inoculer cette dégoûtante et terrible maladie. Votre cheval est morveux, ayez soin de l'enfouir dans la terre, de nettoyer à grande eau les auges, rateliers, colliers, cordeaux, enfin tout ce qu'il aurait pu toucher, car un rien suffit pour communiquer l'affection aux autres animaux et aux hommes qui les soignent.

Le charbon attaque aussi les chevaux, les bêtes à cornes et les moutons, il se manifeste par des tumeurs qui se déclarent sur plusieurs parties du corps. Dès que ces symptômes seront bien marqués et que vous serez sûr de la maladie, coupez la partie malade avec précaution, puis brûlez la peau avec un fer rouge et faites appeler immédiatemment le vétérinaire, je dis immédiatemment parce que la bête peut être enlevée en vingt-quatre heures.

Les moutons sont particulièrement atteints de la clavelée, de la pourriture et du piétin.

La clavelée se manifeste par une infinité de boutons qui couvrent presque tout le corps de l'animal. Le mouton qui en sera atteint devra être immédiatement éloigné du troupeau, car il l'infesterait tout entier. Si la maladie commence, si elle est peu grave donnez à l'animal un peu de vinaigre dans sa boisson et ajoutez-y un peu de sel; si la maladie est intense, donnez-lui un peu d'eau-de-vie mêlée avec une décoction de petite centaurée pour faciliter la sortie des boutons, enfin si maladie continue, si la guérison se fait attendre trop longtemps, appelez l'homme de l'art qui vous prescrira les remèdes à administrer.

La pourriture est occasionnée par la malpropreté des étables, le manque d'air, une nourriture verte, humide ou mauvaise, par la rosée; elle se déclare dans le sang et se communique lentement dans tous le corps de l'animal. Vous pourrez reconnaître cette maladie à son début, si vous visitez avec soin vos troupeaux, aux caractères suivants: l'appétit est moins fort, la peau et les yeux deviennent pâles et jaunâtres, les lèvres blêmissent.

Dès que l'on a reconnu qu'un mouton est atteint de ce mal,

il faut lui donner une plus forte ration de graines de céréales, de paille et de fourrage sec, et y ajouter deux grammes de rouille ou oxyde de fer et une pincée de sel. Il est rare que par ce moyen le mouton ne guérisse pas bientôt, mais si le mal persistait, faites appeler le vétérinaire, votre savoir ne doit pas aller plus loin.

J'ai en ce moment quelques moutons atteints du piétin, c'est une maladie peu sérieuse, prise à son début, mais qui fait bien souffrir ces pauvres bêtes. Elle se guérit facilement par des remèdes forts simples. Je ne puis assez vous recommander, si un jour vous aviez un troupeau, de le visiter souvent, de vous assurer que vos moutons ne boitent pas, de soulever de temps à autres leurs jambes, afin d'examiner si la corne ne se décolle pas ; avec toutes ces précautions, il sera bien difficile que vous n'arriviez pas à découvrir cette maladie dès qu'elle s'est déclarée. Elle est contagieuse, c'est assez vous dire que vous devez mettre à part les moutons qui en sont atteints et les traiter immédiatement. Coupez la partie de la corne qui est détachée, ainsi que les chairs endommagées, trempez ensuite le pied dans l'acide azotique, ou bien cautérisez-le avec du vitriol bleu réduit en poudre que vous frotterez pendant quelques temps à l'endroit de l'incision, au bout de deux ou trois jours le mal aura disparu.

Toutes ces maladies, pour nous résumer, à quelles causes doit-on généralement les attribuer ? A la malpropreté, au défaut de soin, à la mauvaise alimentation, aux mauvais traitements. Ces écuries, ces étables, ces bergeries saines et commodes, croyez-vous que je les paie trop cher, les soins que j'exige que l'on donne à mes bêtes ne sont-ils pas bien récompensés ? Oui, soyez-en sûrs. Que de peines, que de pertes, que de déceptions ne me suis-je pas épargnées par là !

La nuit vient à grands pas, mes amis, et malgré mon désir de vous entretenir plus longtemps, je me vois forcé de vous renvoyer dans vos familles.

Nous ne sommes plus à ces beaux mois où les champs étaient couverts de riches moissons et où les jours duraient jusqu'à neuf heures. Aujourd'hui tout est bien changé, les champs sont nus, et à peine a-t-on dîné que déjà l'on voit le jour decroître. Retournez donc près de vos bons parents, ne les laissez pas dans l'inquiétude par une trop longue absence, allez retrouver votre tendre mère qui attend le moment de vous revoir pour vous embrasser comme s'il y avait déjà un an qu'elle ne vous avait vus... à jeudi!...

Tout en causant on arriva au village, et chacun après avoir souhaité le bonsoir à M. Durand, s'en retourna dans sa famille...

DEUXIÈME PROMENADE DE NOVEMBRE.

CHAPITRE XXXV.

SUITE DE LA VISITE DES BATIMENTS. — LA PORCHERIE, LE POULAILLER, LE COLOMBIER, LES GRANGES, ETC. — ENGRAISSEMENT DU BÉTAIL.

Le jeudi suivant à l'heure que M. Dumont leur avait indiquée les jeunes gens ne manquèrent pas de se présenter à la ferme.

M. Dumont était assis au coin d'un bon feu dans son grand fauteuil de cuir vert, il tenait à la main un gros livre d'agriculture et semblait méditer profondément, il n'hésita pas cependant lorsqu'il vit arriver ses élèves à quitter ce coin du feu où il devait se trouver si bien par ce temps froid, il ferma son livre, après avoir fait une marque à la page qu'il venait de lire et s'apprêta à sortir avec eux, pour leur montrer les autres dépendances de sa ferme.

Vous voilà fixes comme des militaires à l'appel, mes bons amis, j'aime cette exactitude, elle prouve toujours une certaine habitude d'ordre et de discipline, et de plus, un grand désir de s'instruire.

LES ÉLÈVES. — Oui, Monsieur, vous ne vous trompez pas, nous avons tant de plaisir à vous entendre, nous sommes si émerveillés de la propreté et de l'ordre qui règnent dans votre ferme que nous voudrions déjà connaître tous vos secrets pour les maintenir.

M DUMONT. — Le secret est bien simple et se résume en une surveillance active et continue, un travail consciencieux et une direction bien entendue donnée aux travaux des hommes et des bêtes.

Entendez-vous à quels hôtes nous allons avoir affaire aujourd'hui ? quels grognements ! quel harmonieux concert !

Entrez donc sans crainte, à quoi bon retrousser le bas de votre pantalon ? vous êtes entrés à l'écurie, à l'étable, à la bergerie sans vous salir, et vous croyez, parce qu'un préjugé condamne le porc à vivre dans l'ordure, que je l'eusse aveuglément suivi ?

Dans les campagnes le porc ne manque pas de se vautrer dans les ruisseaux, les boues, les mares, les ordures de toute espèce, et, chose étrange, dans sa loge il est d'une propreté telle, qu'il va, lorsqu'il est seul, déposer ses ordures dans un coin isolé. Connaissant la nature de l'animal j'ai fait construire la porcherie qui est assez vaste, vous le voyez, avec le même soin que tout le reste, le sol est en béton, et recouvert d'une litière que l'on renouvelle souvent ; les auges toujours bien propres, sont divisées de manière à ce que chaque bête ait sa place marquée, car sans cette précaution, les plus forts chasseraient les plus faibles et mangeraient leur nourriture.

Un bon porc doit avoir une tête petite, une queue peu allongée, une poitrine large, les épaules écartées, la peau fine, les os petits, les côtes arrondies, le dos large, droit et les parties charnues volumineuses. Tout porc qui réunira ces conditions vous fournira une chair excellente et engraissera rapidement.

Dans leur jeunesse, les porcs sont nourris de lait mélangé avec de la farine, on donne aussi du lait écrêmé et de l'eau tiède, plus tard, lorsqu'ils ont atteint une couple de mois, je leur donne du lait avec du son et des carottes, des pommes de terres, des betteraves cuites, des graines, des relavures d'assiettes etc.; enfin, vers huit mois, les eaux grasses, les débris de la cuisine, des pommes de terres, betteraves, carottes cuites mélangées avec ces eaux et du lait leurs conviennent beaucoup. Dans les derniers temps de l'engraissement, il est bon de ne donner que de la farine d'orge, de seigle, de sarrazin, de maïs mélangée avec des eaux grasses afin de leur faire acquérir une chair ferme et blanche.

Puisque j'ai commencé à vous parler d'engraissement laissez-moi vous conduire jusqu'à cette étable là-bas, en face; j'ai cinq bœufs et trois vaches que je destine à la boucherie, je veux vous les faire voir et vous expliquer la marche à suivre pour arriver en peu de temps à les mettre en état de servir à notre nourriture.

Voici l'étable, vous voyez qu'elle ne diffère des autres que par l'obscurité qui y règne, et par les loges qui séparent chaque bête.

Lorsque les vaches, par suite de l'âge, ont perdu leurs qualités laitières, on les conduit ici et l'engraissement commence. Dès lors on ne les trait plus qu'une fois par jour, plus tard une fois tous les deux jours et enfin insensiblement on laisse les mamelles en repos; lorsqu'elles sont taries, les vaches suivent le même régime que le bœuf, c'est-à-dire qu'on leur donne des fourrages mêlés verts et secs, des carottes, navets, rutabagas, pommes de terre, betteraves, et pour boisson, de l'eau dans laquelle on a mis des graines concassées.

Il arrive qu'au bout d'un certain temps de ce régime, les

animaux perdent l'appétit; pour le leur rendre on leur donne avant le repas un peu de sel de cuisine et de la gentiane, on varie le plus qu'on le peut leur nourriture, qui doit toujours être composée d'aliments de première qualité. Leur boisson se compose alors de farine délayée dans de l'eau.

Dans l'espace de quatre mois l'engraissement est complet et l'on peut livrer les bêtes à la boucherie.

Dans ces coins se trouvent des veaux en graisse, on les place à l'écart afin qu'ils ne puissent faire aucun mouvement capable de retarder leur engraissement.

Comme je vous l'ai dit dans notre dernière leçon, leur nourriture, dans les premiers temps, ne se compose que de lait écrémé, coupé par de l'eau chaude, plus tard on leur donne, trois fois par jour, de 15 à 18 litres de lait tout-à-fait pur jusqu'à l'âge de quatre mois environ. Ceux-ci sont arrivés à point et seront prochainement livrés à la boucherie.

Vous savez de quelle manière on engraisse les moutons. Généralement on se contente de les envoyer aux champs, et là ils cherchent eux-mêmes leur nourriture ; mais ce mode est trop long, aussi ai-je soin d'en conserver toujours quelques uns à l'étable et de leur donner pour nourriture des fourrages, des racines, des farines de céréales et du tourteau. Je mêle toujours à la ration un peu de sel de cuisine pour stimuler leur appétit. Avec cela et beaucoup de tranquilité, de la propreté, de la régularité, on arrive bientôt aux magnifiques résultats que vous avez sous les yeux.

CHAPITRE XXXVI.

LE POULAILLER, LE COLOMBIER.

Continuons le tour de l'exploitation, mais ne passons pas sans jeter un coup d'œil sur ce poulailler.

Tout a son importance dans une ferme, et je me repentirais d'avoir négligé le plus petit détail.

Il y a là dedans 120 à 150 poules, coqs et poulets. L'intérieur vous surprendra aussi ; je veux aller au-devant et prévenir votre étonnement.

Les murs sont blanchis au lait de chaux, et ces soins de propreté se renouvellent trois à quatre fois par an. Les nids sont des paniers remplis de bourre pour engager les poules à venir pondre toujours au même lieu ; cependant la bourre a son inconvénient, elle retient l'ordure et la vermine que les poules nourrissent souvent. On doit pour y obvier la battre de temps en temps et l'exposer à l'air, il est bon aussi en été d'avoir la précaution de donner de l'eau fraîche tous les jours, et de faire brûler de temps en temps à l'intérieur un peu de vinaigre pour purifier l'air.

Cette large échelle que vous voyez plantée verticalement permet, par ses différents degrés, de laisser percher les plus vieux comme les plus jeunes volatiles.

La porte d'entrée située du côté du levant est soigneusement fermée le soir, afin d'empêcher les animaux carnassiers de s'y introduire.

La fiente est retirée souvent et mise à part dans un lieu sec, pour servir lorsque le besoin s'en fait sentir. Je vous ai parlé déjà de cet engrais.

Nous ne visiterons pas le pigeonnier qui est trop élevé pour mes vieilles jambes, je vais vous en faire d'en bas une description suffisante.

L'intérieur est aussi propre que celui du poulailler, si du moins les ordres que je donne sont bien exécutés, car je n'y monte jamais,

Les ans en sont la cause.

Les murs sont tapissés de nids formés de quatre briques maçonnées bout-à-bout ; ces trous servent à l'entrée et à la sortie des pigeons et aussi à établir un courant d'air, enfin voilà la porte par laquelle entre celui qui est chargé de les surveiller. On monte au pigeonnier le moins possible, cependant tous les quinze jours, on va chercher les jeunes et on en profite pour répandre sur l'aire de la paillette, des balles de céréales, etc, afin de fixer tous les gaz et les liquides, et obtenir la plus grande quantité possible de ce précieux engrais. Tous les trois mois on vide le colombier, et l'engrais mêlé à celui du poulailler est déposé dans un lieu sec....

Voyez ces canards comme ils barbottent dans la mare, ils sont là dans leur élément, et je ne prends d'eux aucune autre soin que de leur préparer de bons nids sur le bord des eaux, afin qu'ils n'aillent pas en construire eux-mêmes dans des endroits cachés, et dérober leurs œufs à mes recherches.

LES GRANGES, LA BATTEUSE, LES GRENIERS AU GRAIN.

Vous avez déjà vu les granges au moment de la moisson, vous savez si elles sont vastes et bien bâties, mais cela n'est pas encore suffisant pour mon exploitation, et je songe, à faire construire de nouveau ; car, remarquez-le bien, outre le risque que court le grain en meules, l'argent que l'on donne chaque année pour les confectionner est plus considérable que celui d'une belle et bonne grange une fois faite et qui offre toutes les garanties de sécurité convenables. J'entends qu'on bat le blé, montons cet escalier qui conduit à la batteuse, là je vous en expliquerai le mécanisme. Regardez par cette lucarne; un cheval tourne dans un manège et donne le mouvement au moyen d'engrenages placés en bas, à ce cylindre armé de tringles. Je vais lui présenter une gerbe : vous voyez que le cylindre l'enlève et va la battre vigoureusement contre le tambour qui lui sert d'enveloppe.

Avec cette machine, trois ouvriers et un *cheval*, on bat par heure de 6 à 8 hectol de blé. Le blé battu descend derrière le cylindre sur une planche inclinée, et il est reçu par des ouvriers qui le transportent dans le tarare placé en bas entre deux courants d'air. Un ouvrier, au moyen d'une manivelle, met en mouvement les ventilateurs de l'intérieur qui chassent la paille et la poussière, à mesure que le blé passe du tamis supérieur, pour aller tomber dans une boîte placée au-dessous de la machine.

Avant de vous montrer ma laiterie et mes instruments de culture qui, en ce moment, sont tous rangés à l'abri, je vais vous conduire à mes greniers à grains.

Comme vous avez traversé la cour qui est un peu bourbeuse, ayez soin de nettoyer vos pieds à la paille qui se trouve là à la porte. Entrez maintenant, ne vous offusquez pas de cette légère odeur de goudron, je vais vous en faire connaître la cause. M. le docteur Lemaire, un savant très-distingué, vient de découvrir une substance qui sera appelée à rendre à l'industrie, à l'agriculture et à l'hygiène publique les plus grands services. Je lui demande pardon, si je vous livre son secret ; mais je crois rendre service aux cultivateurs de ce pays en le mettant au grand jour, et lui, j'en suis certain, n'a pas d'autre but en poursuivant ses patientes recherches.

L'acide phénique provient du goudron, il en a l'odeur, il se trouve difficilement dans le commerce, mais on peut s'en procurer soi-même à peu de frais. Voici le moyen qu'indique M. Lemaire, et que j'ai moi-même mis en pratique : « Prenez de l'huile de houille que vous mettez dans un vase assez grand, versez par dessus de l'eau bouillante et laissez reposer pendant un demi-jour, l'eau a pris alors les propriétés antiputrides et désinfectantes de l'acide phénique. Deux couches d'huile, dont l'une au fond du vase, l'autre à la surface de l'eau se sont formées. Décantez la partie supérieure en versant délicatement afin de conserver votre eau, décantez aussi l'eau à son tour, et il vous restera au fond une matière précieuse avec laquelle vous pourrez enduire les planchers, les murailles de vos granges, de vos greniers. Vous pourrez aussi vous servir de l'eau, que vous laissez dans un vase ouvert exposé dans les endroits où il se trouve des souris, des fourmis, des insectes quels qu'ils soient, que l'odeur détruira ou fera disparaître rapidement. Les charançons qui font tant de ravages dans les greniers à grains ne peuvent résister à son action délétère, et disparaissent tous en très-peu de temps.

Les soins d'entretien et de propreté ne doivent pas être négligés pour cela. On doit retourner fréquemment les graines à la pelle de bois; le grenier doit être balayé souvent; les murs seront bien plafonnés, afin d'empêcher les insectes de s'y tenir, et peints ensuite à l'acide phénique. Les croisées doivent être garnies d'un grillage de toile métallique qui en défende l'accès aux insectes, et placées en face l'une de l'autre afin de permettre à l'air d'y circuler librement. Avec tous ces soins je conserve mon blé intact jusqu'au moment de le vendre ou de le semer.

Descendons lentement cet escalier, il est assez raide et dirigeons-nous vers le hangar où se trouvent mes instruments d'agriculture.

Vous avez ici sous les yeux tout mon appareil aratoire rangé par ordre. Voici d'abord la charrue sans avant-train, nommée proprement araire; en voici encore trois autres construites sur le même modèle, et sortant des meilleurs ateliers de charronnerie. Je vais vous faire une description de chacune des parties qui la composent.

Le *soc* est la pièce principale de la charrue, celle qui s'enfonce dans la terre et la retourne à la surface, elle est en fer et aciérée sur les bouts; la partie supérieure, recourbée en avant et qui rejette la tranche de terre sur le côté en la retournant, s'appelle *versoir*. Le couteau placé en avant du soc et qui coupe la terre devant lui, s'appelle le *coutre*. Cette pièce de bois sur laquelle reposent le soc et ce montant qui l'unit à l'age, c'est le *sep*. L'*age* est cette pièce de bois qui traverse toute la partie supérieure de la charrue qui se divise en arrière en deux branches que l'on appelle *manchons*. C'est à cette pièce de bois que l'on attelle les chevaux. Voici le *régulateur* qui sert à l'abaisser ou à l'élever, c'est-à-dire à donner au soc plus ou moins de profondeur. Enfin voici les *manchons* qui s'attachent à l'age et qui servent à diriger la charrue.

Je préfère l'araire à la charrue à avant-train, parce qu'il est beaucoup plus léger, plus facile à manier et qu'il coûte moins cher.

L'*extirpateur* n'est rien autre chose qu'une espèce de herse dont les dents, de forme large et terminées en pointes recourbées en avant, permettent de détruire, en les déracinant, les mauvaises herbes, et de briser les mottes de terre et la croute qui s'est formée sur le sol pendant les grandes chaleurs.

La *herse* se compose d'un chassis triangulaire ou rectangulaire garni de traverses dans lesquelles sont placées des dents de bois ou de fer destinées à ameublir la terre, en la divisant, à détruire les mauvaises herbes, et à recouvrir les semailles.

La *houe à cheval* que vous voyez ici, et qui me rend de si grands services dans ma culture, est formée de deux ailes en bois formant un angle au sommet duquel s'adapte un age. Les deux extrémités des ailes vont se terminer comme des manchons de charrues pour diriger l'instrument. Un système de charnières permet d'ouvrir ou de fermer ces deux ailes, selon la largeur des lignes dans lesquelles on veut la faire passer. A l'extrémité antérieure de l'age se trouve une roulette, et au sommet de l'angle formé par la rencontre des deux ailes, un petit soc triangulaire. Enfin les deux ailes sont garnies de deux coutres recourbés en dedans, et c'est cet appareil qui, en passant dans la terre, coupe les racines des plantes parasites et les retourne à la surface.

Le *buttoir* est une charrue à deux versoirs. Regardez-le, vous verrez qu'il ne diffère de la charrue qu'en ce qu'il a un versoir de chaque côté. Le *binot* est un instrument en tout semblable à celui-ci.

Les *rouleaux* sont des cylindres de bois, comme ceux que vous voyez là, de pierre ou de fonte, comme ces autres. Ils servent à écraser la terre, à l'ameublir ou à la tasser pour la conserver humide ; suivant la nature des terres ou du travail, on emploi tantôt l'un ou l'autre de ces instruments.

Le *rayonneur* est un appareil très-simple composé d'un chassis de bois trapezoïdal, coupé en deux par un age auquel on attelle les chevaux. A la grande base du trapèze formée par les chassis, se trouvent trois petits socs qui font les raies, et que l'on peut rapprocher ou écarter à volonté, suivant l'ouverture que l'on veut donner aux lignes.

Le *semoir mécanique* rend de véritables services dans la grande culture par suite du manque de travailleurs. A l'aide de cet instrument on peut d'un seul coup rayonner et ensemencer en lignes.

Voici maintenant le *hache-paille* que vous connaissez tous, car il existe presque partout aujourd'hui.

Il en est de même du *coupe-racines* dont je ne veux pas entreprendre la description. Il vous suffira de le voir fonctionner quelques instants, pour en comprendre, sinon le mécanisme, du moins le travail.

Je ne vous parlerai que pour mémoire de ces chariots, tombereaux, charrettes, tonneaux aux engrais, que vous avez vus tant de fois. Je ne vous ferai pas non plus le détail de ces faux, sapes, faucilles, fléaux, rateaux, fourches à deux et à trois dents, que vous avez sans cesse sous les yeux. Ces bêches, ces houes à la main, vous savez leur usage. Les plantoirs, vous les avez vu manœuvrer; passons donc rapidement, le jour va finir, et allons jeter un coup d'œil dans la laiterie. C'est le seul endroit qui me reste à vous faire voir.

Suivez-moi, mes amis, vous trouverez, j'en suis sûr, un peu de plaisir à visiter cette partie de ma ferme.

LA LAITERIE.

Entrez dans ce sanctuaire de la blancheur et de la propreté, et regardez comme tout brille autour de vous.

La propreté est la question vitale de la laiterie; sans elle les meilleurs laits donneraient du beurre et des fromages détestables. C'est ce qui arrive dans certaines contrées de la France où cependant le lait est abondant et de bonne qualité.

En entrant vous avez dû remarquer que vous descendiez quelques marches. Cela a été fait à dessein, parce que de cette manière il fait plus frais en été et moins froid en hiver; la chaleur peut corrompre la crème, et le froid l'empêche de se former.

Je vais vous décrire, en vous les montrant, tous les ustensiles en usage dans une laiterie. Voici les seaux à traire, ils sont aussi blancs que le lait qu'ils sont destinés à renfermer. Ce sont des seaux ordinaires construits avec du bois blanc très-dur.

Celui dont la base est plus large que l'orifice sert à recevoir le lait à mesure qu'il est trait. Cette étroite ouverture a pour but de laisser la plus petite surface possible du lait en contact avec l'air, dont l'influence est toujours pernicieuse.

Le filtre est un petit tamis en crin serré qui se place sur le seau à orifice étroit, pendant que l'on transvase le lait qui vient d'être trait, et afin d'arrêter au passage les poils et autres impuretés qui auraient pu tomber dans le seau.

Lorsque le lait est transvasé, on transporte les seaux pleins à la laiterie et on en verse le contenu dans ces vases en terre vernissée que l'on appelle baquets, telles, terrines. C'est là que se forme la crème. Lorsqu'elle est formée, on la retire avec cette écumoire sans trou, et on la dépose dans ces vases profonds à orifice étroit.

Lorsque le moment de battre est arrivé, on vide le contenu de chaque vase dans la baratte que voici. C'est tout simplement un baril de bois blanc d'une propreté extrême, car un rien suffit pour faire tourner la crème. A l'intérieur se trouve un moulin à quatre ailes qu'une manivelle met en mouvement et qui bat la crème jusqu'à ce que le beurre se sépare. On le retire, on le lave avec soin en le pétrissant dans de l'eau pure, on le sale faiblement et on lui donne, par moulage, des formes variables.

Tous les autres ustensiles que vous voyez ici servent à l'entretien de la propreté. Ce sont les éponges, les brosses, les goupillons, les baquets, etc., etc.

Si l'on veut faire servir la crème à la fabrication du fromage, on y introduit un peu de présure ou estomac de jeunes veaux. La crème se caille sous son influence. On enlève le caillé et on a le fromage. On peut le manger frais ou le faire sécher et vieillir. Je ne veux pas m'étendre sur cette question, cela me conduirait trop loin.

Je voudrais, mes amis, pour compléter mes leçons, vous faire voir mon potager ; mais à ce moment de l'année, il ne s'y trouve presque plus rien. Je crois préférable d'attendre jusqu'au mois d'Avril prochain pour reprendre nos entretiens. Ce temps ne sera pas perdu pour vous, je l'espère ; vous repasserez dans vos loisirs tout ce qui vous a été dit dans le cours de cette année. Vous vous rappellerez ces fumiers, ces travaux d'hiver, ces semis, ces récoltes que vous avez vu faire, et si quelque chose vous arrêtait en route, venez sans crainte me dire bonjour et me demander mes conseils : ils ne vous feront jamais défaut.

Nous allons nous quitter pour longtemps ; mais je l'espère nous ne serons pas pour cela sans nous voir quelquefois. M. Durand, qui vient souvent à la ferme, me parlera de vous ; cela me fera plaisir. Je suivrai de loin vos progrès ; je me tiendrai au courant de vos études agricoles ; il me semblera être encore au milieu de vous.

Adieu donc, mes bons amis. Travaillez avec courage, vous en serez contents plus tard. Approfondissez-vous dans la connaissance de l'agriculture, la plus noble des professions. N'aspirez pas après d'autres destinées. Restez au village et souvenez-vous de ce proverbe :

PIERRE QUI ROULE N'AMASSE PAS DE MOUSSE.

et moi j'ajoute :

TRAVAILLEZ PENDANT QUE VOUS ÊTES JEUNES, LE TEMPS PERDU NE SE RATTRAPE PAS.

Fin du Cours d'agriculture.

HORTICULTURE.

PROMENADE DU MOIS DE MAI.

CHAPITRE XXXVII.

DESCRIPTION DU JARDIN. — PLANTES DE PLATES-BANDES, FRAISIERS, CIBOULES, AILS, ÉCHALOTTES, OIGNONS, OSEILLE, ETC.

Pendant cinq grands mois nos amis avaient été privés du plaisir d'entendre leur professeur. Ils allaient bien quelquefois lui dire bonjour, comme il le leur avait recommandé ; mais ce n'était pas là ces bonnes promenades, où chacun pouvait à son aise respirer l'air pur des champs, admirer les cultures et écouter les explications qui leur étaient données sur toutes ces choses ; c'était une froide conversation que M. Dumont malgré son enjouement parvenait à peine à rendre supportable ; c'était un tête-à-tête qui effarouchait nos jeunes amis, peu habitués encore à converser avec un aussi respectable vieillard. En sa présence, ils étaient émus, interdits, et ce n'était qu'à force de bienveillance que M. Dumont parvenait à les mettre à leur aise. Aussi attendaient-ils impatiemment l'heureux mois de Mai avec son gracieux souvenir et le doux parfum de ses fleurs. Il arriva ce moment si désiré ; il se leva serein le jour qui devait les revoir de nouveau à la ferme. Je n'exagère rien en disant que M. Durand n'était pas moins heureux que ses élèves. On le voyait bien à sa physionomie, il souriait en marchant, il pressait même le pas plus que ses vieilles jambes n'avaient coutume de le faire. Aussi, lorsqu'il arriva, il dût prendre son mouchoir pour essuyer quelques gouttes de sueur qui perlaient sur son front. Décidément tout le monde était en fête, M. Dumont était plus gai encore que d'habitude ; il reçut les élèves avec une affabilité extrême. Mais aussi comme il faisait beau temps ! comme le soleil épanouissait le cœur! comme les fleurs embaumaient l'air et charmaient la vue !

Mes amis, dit M. Dumont, voilà cinq mois que je vous ai fait ma dernière leçon. Depuis ce temps, qui a sans doute été bien employé, de grands changements se sont produits dans la nature entière. Les oiseaux commencent à gazouiller, les champs sont tout verdoyants, les fleurs ouvrent leurs corolles charmantes, les travaux des champs vont recommencer. Cette cour naguère si triste, si sombre, si glacée, est pleine de mouvement et de chaleur, dans ces étables les bestiaux ruminent avec plaisir un peu de nouveau fourrage ; tout enfin paraît plus éveillé, plus heureux ; c'est qu'il n'est rien comme le soleil, la verdure et les fleurs pour rajeunir le cœur de l'homme, et il n'est rien comme l'hiver pour l'attrister et le vieillir.

Notre potager nous offrira la matière de quelques études. Vous verrez qu'il n'est pas trop désagréable, et qu'on peut y trouver de la distraction.

La meilleure terre pour un jardin est celle qui provient des vieux marais assainis et desséchés ; sous ce rapport j'ai parfaitement réussi. L'exposition doit autant que possible être au midi.

Le jardin est partagé en deux parties égales par une large allée ; d'autres plus étroites l'entourent de tous côtés en côtoyant les murailles. De petits sentiers divisent le jardin en autant de carrés qu'il en faut pour les semailles et les plantations. Les plates-bandes sont relevées et bordées de plantes utiles ou de plantes d'agrément. Enfin les murailles ne sont pas trop élevées car elles donneraient trop d'ombre ; mais elles le sont assez pour abriter le jardin contre les grands vents et les amateurs de mes fruits.

Tout cet ensemble étudié d'un coup d'œil, voyons quel avantage peut offrir la culture potagère dans la plus grande exploitation comme dans le plus humble ménage.

Dernièrement le Préfet de notre département envoyait à MM. les instituteurs une circulaire que votre maître a bien voulu me confier, et que je ne crois pouvoir mieux faire que de vous la lire : Voici les principaux passages de cette circulaire :

« MM. les inspecteurs primaires ont entretenus à plusieurs reprises MM. les instituteurs communaux de l'importance que j'attache à la bonne tenue des jardins. Il importe en effet que les enfants aient sous les yeux des exemples de toutes sortes, et quel exemple peut être plus utile pour les enfants de la campagne qu'un jardin bien tenu, conduit avec intelligence, qui leur montre à tous les instants les avantages qu'un ménage peut retirer d'une parcelle de terrain cultivé avec quelque connaissance du jardinage ? N'est-ce pas un moyen de moralisation qui peut contribuer dans une certaine mesure à faire aimer la vie de famille, en créant à l'ouvrier autour de sa demeure, une occupation utile et agréable, qu'il trouvera dans la culture de beaux légumes, de fruits et même de quelques fleurs, et qui sera pour lui un délassement après les travaux plus rudes des champs. »

Tout a été dit en ce peu de mots ; j'ajouterai seulement que le jardin est une des plus grandes ressources d'une maison, lorsqu'il est bien tenu ; et qu'il fournit, si il est en rapport avec l'importance de la famille, la moitié de son alimentation.

LE FRAISIER.

Nous allons maintenant nous occuper des plantes qui entourent mes plates-bandes. Commençons par les fraisiers. Ce serait pécher de ne pas en avoir dans son jardin; d'abord parce qu'ils fournissent un fruit suave que vous connaissez bien, ensuite parce qu'ils ne demandent aucun soin. On les reproduit en prenant des éclats sur d'autres pieds plus forts, et en les plantant avant l'hiver ou vers le milieu de Mars. La plantation se fait en enfonçant les racines dans la terre et en arrosant ensuite abondamment, afin que la terre y adhère parfaitement.

Lorsque l'on fait des parcs de fraisiers, on doit avoir soin de les changer de place tous les quatre ou cinq ans, parce que, au bout de ce temps, ils perdent de leurs qualités.

Les drageons qui partent de chaque pied doivent être détruits avec soin en mars, car ils finiraient par prendre racine à leur tour et formeraient de nouveaux pieds, au grand détriment de la qualité des premiers. Les drageons peuvent aussi servir à la reproduction de nouveaux fraisiers qu'on désire obtenir.

LE THYM.

Le thym se multiplie de graine, mais encore mieux de fortes plantes enracinées que l'on sépare en plusieurs parties, et que l'on dispose en bordure en avril. On doit les renouveler tous les trois ans. Chaque année, à la fin de mai, on les coupe à deux pouces de terre, et l'on s'en sert pour relever les ragoûts et former les bouquets garnis que l'on met dans les sauces et les bouillons.

ÉCHALOTTES.

Voici deux bordures d'échalottes que j'ai fait planter en cet endroit, parce que la terre y reçoit plus directement les rayons du soleil que cette plante aime beaucoup, et aussi parce que la terre est plus sableuse qu'ailleurs. D'un côté se trouvent les grosses échalottes dites anglaises, et de l'autre les petites, beaucoup moins piquantes dites françaises.

Pour le repiquage on choisit les caïeux les plus minces et les plus longs, on les met en terre en les entourant d'un peu de cendres, de manière à ce que la tête sorte découverte, car l'échalotte n'aime pas l'humidité, elle pourrirait.

Au mois de juillet, lorsque les feuilles jaunissent, on arrache les échalottes, et on les laisse pendant trois ou quatre jours sécher sur la terre, après quoi on les met au grenier pour s'en servir au fur et à mesure des besoins du ménage.

L'AIL.

L'ail se plante comme l'échalotte et demande la même terre et les mêmes soins.

L'OIGNON.

Les petits oignons que l'on repique à la fin d'avril, en lignes à distance de 15 centimètres, se cultivent comme l'ail et l'échalotte. Quelques temps avant de les arracher on abat les fanes pour arrêter la sève et les faire grossir.

LA CIBOULE.

La ciboule est une plante de la même famille que les précédentes, on la cultive pour ses tiges qui servent d'assaisonnement dans la cuisine. Pour se la procurer, une fois pour toutes, on prend des caïeux que l'on plante à 15 centimètres les uns des autres, comme vous le voyez dans ces bordures. Celle-ci est vivace, c'est-à-dire qu'elle dure toujours, tandis que celle que vous apercevez plus loin a été semée vers la fin de mars et sera récoltée en août.

Lorsque cette ciboule est semée un peu tard, elle peut passer l'hiver et être récoltée au commencement du printemps. Elle sert à former les bouquets garnis qui donnent aux sauces et aux bouillons une saveur agréable.

Dans ces plates-bandes, que leur exposition un peu humide ne me permet pas d'utiliser à autre chose, j'ai semé du persil, du cerfeuil, de la sariette et de la pimprenelle. On a constamment besoin de toutes ces herbes dans un ménage, et il est bon de les avoir là sous la main.

L'OSEILLE.

Voici une belle bordure d'oseille, il n'y a pourtant que deux ans qu'elle est plantée. On l'obtient de vieux pieds divisés en éclats que l'on plante de 20 à 25 centimètres de distance les uns des autres. On tasse fortement la terre autour du pied et on arrose à pleine eau. Il vaut mieux faire cette plantation en automne qu'au printemps, la pousse est plus belle et plus vigoureuse. Il est bon aussi de planter son oseille dans un lieu ombragé, parce que le soleil lui communique trop d'acidité.

PATIENCE.

La patience se cultive comme l'oseille, elle en a l'apparence. On la reproduit par semis que l'on peut faire à deux époques différentes ; le premier a lieu en mars, pour avoir le produit en juin, le second en août pour l'avoir au printemps. On en fait des purées et des soupes rafraîchissantes.

L'ÉPINARD.

L'épinard peut se semer depuis mars jusqu'en novembre. Il y en a de deux sortes ; l'épinard à graine lisse, et l'épinard à graine piquante. La première se sème pour l'hiver en août, septembre, octobre et peut déjà être coupée à la fin de l'hiver; la seconde se sème, pour l'été, de février en mai. La terre qui lui est destinée doit être labourée profondément et être riche en humus. Il demande à être arrosé souvent, surtout si on veut l'empêcher de monter en graines. On sème en lignes ou à la volée, mais le semis en lignes vaut mieux à mon point de vue, à cause des binages et des sarclages fréquents qu'il réclame. Si l'on tient à avoir continuellement des épinards, on doit les semer par petits carrés tous les mois, et même toutes les trois semaines.

LE CRESSON.

Le cresson se sème en planches et en plates-bandes jusque dans le mois d'août, et dans une terre bien préparée. On doit le semer tous les quinze jours pour l'avoir toujours tendre. Il sert à faire des salades que l'on dit faire beaucoup de bien au sang.

Passons maintenant à des plantes plus importantes et examinons ensemble : 1.° Comment on doit préparer son terrain ; 2.° Le moment et la manière de semer ; 3.° Les soins à donner pendant la croissance ; 4.° Enfin la manière et le moment de les récolter.

L'horticulture est l'image rapetissée de l'agriculture. Ici la bêche remplace la charrue ; le rateau, la herse ; la houe à la main, la houe à cheval ; les planchettes à battre, le rouleau ; le cordeau, le rayonneur ; l'arrosoir, la pluie.

De même que dans la grande culture, les plantes potagères

ont besoin pour croître d'engrais variés et nombreux ; je vous les ferai connaître en passant en revue tous les légumes que renferme en ce moment mon jardin.

LE RADIS.

Il est un petit légume que tout le monde aime, je ne dirai pas seulement à manger, mais même à voir. Quels cris de joie lorsqu'au goûter votre mère vous en donnait quelques uns. Je crois que vous m'avez compris, je veux parler du radis. Toutes les terres conviennent au radis, mais il préfère celles qui sont un peu humides, il vient alors beaucoup plus doux. Il n'a besoin d'aucun engrais pour se développer ; il lui suffit que la terre soit bien labourée et bien divisée. Si on lui donne un engrais il faut qu'il soit bien pourri et enterré quelques mois à l'avance, car il lui communiquerait une saveur désagréable.

Si l'on veut avoir des radis tout l'été, on doit les semer de huit en huit jours et par petits carrés suivant les besoins de la famille. Vous observerez seulement que les premiers doivent être exposés au soleil, tandis que les autres doivent être mis dans un endroit ombragé, afin que le soleil ne les rende pas durs et piquants. On sème à la volée et on recouvre par un coup de rateau. Un mois après on peut déjà en manger. Pour obtenir des radis précoces, soit pour la vente, soit pour la consommation, vous pourrez établir une couche telle que celle-ci où se trouvent des melons, et voici comment vous vous y prendrez.

COUCHES CHAUDES ET TIÈDES.

Vous choisirez un bon emplacement au midi, vous y creuserez un fossé de la longueur que vous jugerez convenable et d'une profondeur de 30 à 40 centimètres.

Comme les couches chaudes sont très-vite éteintes étant

très-actives, vous pourrez, au lieu de fumier de cheval qui leur convient, remplir votre fossé avec du fumier d'étable très-pourri que vous disposerez par couche avec du fumier long, des feuilles sèches et des débris de verdure du jardin, vous tasserez ensuite avec les pieds, de manière à ce que les couches présentent partout la même épaisseur. Vous recouvrirez alors de 20 centimètres de bon terreau qui est un fumier pourri et réduit en poussière, et que vous aurez soin de préparer chaque année. Semez là-dessus tout ce qui vous conviendra afin d'avoir des primeurs.

Les couches chaudes se font de la même manière ; si je ne vous en ai pas parlé, c'est qu'elles coûtent beaucoup plus cher à entretenir. Elles se font avec le fumier de cheval vers le mois de février. Il est nécessaire alors d'avoir des chassis vitrés, des cloches, des paillassons, toutes choses dont on peut se passer pour les couches tièdes qui se font en mars et avril, lorsque les gelées sont peu à craindre. Cependant il pourrait se faire que les gelées blanches de mars, détruisissent les plantes de couches ; pour les abriter il suffira de les couvrir de fumier long.

Dans nos climats ce n'est guère qu'en Mars que l'on peut commencer à donner des soins au jardin. Jusque-là il reste en repos, et ce serait peine perdue que de vouloir en retirer quelque chose. Pendant deux années consécutives, j'ai voulu essayer d'avancer mes semis ; je n'obtenais que des produits chétifs et clair-semés. Mais à ce moment tout arrive à la fois, aussi le jardin change-t-il d'aspect, non pas à la longue comme les champs, mais tout d'un coup, dans l'espace d'un mois. C'est pour cette raison aussi, peut-être, que dans les fermes, le potager est si négligé, car les travaux des champs commencent à cette époque à devenir nombreux.

LE POIS.

Le pois est un légume fort recherché pour sa délicatesse. Dans les grandes villes, les primeurs se vendent à des prix fabuleux, on se les dispute comme à une vente publique. Ce n'est pourtant pas un aliment très-sain. Pris en grande quantité, il occasionne des indigestions, des flatuosités, des vents, etc. En voici qui ont été plantés vers le milieu de mars, dans quelques semaines je pourrai déjà en manger.

Les pois ne demandent pas une terre riche, au contraire; là ils ne feraient que pousser en fanes et pas du tout en cosses. Ils n'exigent pas non plus d'engrais; cependant les vieux fumiers pourris, les débris du jardin leur sont favorables, mais ils peuvent s'en passer facilement.

Vous les planterez en planches de deux lignes, trois au plus, espacées de 30 centimètres, afin de faciliter l'accès de la lumière, de l'air et de la chaleur. En semant en planches plus serrées, vous perdrez par la quantité et la qualité des produits ce que vous auriez gagné par le terrain.

Pour planter les pois, on creuse à la bêche des trous profonds de 4 à 5 centimètres, dans lesquels on jette 6, 7, ou 8 grains. La première ligne étant remplie, on commence la deuxième en ayant soin de rejeter la terre que l'on retire de chaque trou dans celui qui se trouve en face, afin d'en recouvrir les pois.

On les plante aussi en faisant à la houe des rigoles dans lesquelles on sème les pois de manière que d'un bout à l'autre il n'y ait aucune solution de continuité. Ces deux méthodes sont également bonnes; je dois vous dire cependant que je me suis toujours mieux trouvé de la première. Les pois croissant par touffes se soutiennent mieux lorsqu'on les rame.

Quand les pois ont atteint 7 à 8 centimètres, on les bine

Prom.

délicatement, puis on les butte pour leur donner du pied. Quelques jours après on les rame de deux en deux, en inclinant les rames vers le milieu.

Les meilleures variétés hâtives, sont le pois prince Albert et le pois Michaut, les autres sont plus tardives.

Si l'on veut avoir des pois pendant tout l'été, on doit avoir soin d'en semer de 15 en 15 jours.

LES FÈVES.

Les fèves de marais se plantent à la même époque que les pois ; elles veulent une terre bien ameublie, bien fumée avec du fumier pourri. On les place en lignes à 10 centimètres de distance, car si elles étaient trop drues, les fleurs ne se noueraient point et l'on n'obtiendrait que des tiges. On met ordinairement 2 ou 3 fèves dans chaque trou. Si elles lèvent toutes on arrache la plus chétive et on laisse les deux autres.

LA POMME DE TERRE.

Je vous ai déjà dit, mes amis, que la pomme de terre veut un terrain bien préparé et bien fumé avec des engrais très-décomposés.

Lorsque vous aurez retiré vos récoltes du carré destiné aux pommes de terre, bêchez profondément votre terre après l'avoir arrosée avec de la courte-graisse, puis laissez-la reposer jusqu'après l'hiver. Dès que les premières gelées sont terminées, arrosez et bêchez de nouveau, et profitez des premiers beaux jours de mars pour faire votre plantation.

On plante la pomme de terre de jardin en faisant des trous de 10 à 15 centimètres de profondeur et distants de 30 à 40, dans lesquels on jette les tubercules ou les morceaux de tubercules que l'on a laissé ressuyer pendant 2 ou 3 jours à l'air, et que l'on place de manière à ce que les œilletons se trouvent en haut s'il fait sec; en bas, s'il fait humide ; sans cela la pomme de terre qui a été coupée pourrirait avant que les germes fussent sortis de terre. On recouvre d'un peu de fumier pourri et de cendres, puis on continue la seconde ligne, en recouvrant la première avec la terre des trous que l'on creuse en face des premiers.

Les varitétés les plus hâtives sont la pomme de terre jaune de cinq semaines et celle dite de onze semaines.

Dans le nord du département on plante d'une autre manière, elle est moins expéditive, à mon point de vue, mais elle est préférable.

Voici comment on procède. On fait à la houe des rigoles profondes de 10 à 15 centimètres, que l'on arrose avec de la gadoue et qu'on laisse sécher pendant quelques jours. Lorsque le soleil a bien échauffé le sol, on plante les tubercules à 20 centimètres de distance et on les recouvre de la terre qui a été retirée des rigoles. On a aussi l'habitude de faire germer les pommes de terre dans un grenier avant de les confier à la terre. J'en ai vu dont les germes avaient 7 à 8 centimètres de longueur. A peine plantées, elles se montrent déjà; la plante croit rapidement et l'on obtient un produit très-précoce. Tous les jardiniers si renommés qui exploitent les dunes du littoral de Dunkerque opèrent de cette manière.

LES OIGNONS

Les oignons se sèment un peu plus tard que les autres légumes, la graine étant très-sensible au froid, et il serait bon d'attendre jusqu'en avril si l'on craignait encore des gelées.

L'oignon veut un terrain bien préparé et légèrement fumé,

il vient bien dans une terre qui a reçu des choux bien fumés l'année précédente. Le guano, la colombine lui conviennent beaucoup.

Après avoir bêché le carré qu'on leur destine, on laisse sécher pendant quelques jours, puis on le piétine avec des sabots, afin de l'ameublir convenablement, et aussi pour tasser la terre et empêcher les vers d'arriver jusqu'à la surface et de dévorer les oignons. Deux ou trois jours après on râtelle en long et en large jusqu'à ce que le parc soit parfaitement égalisé.

On peut alors semer la graine à la volée, en la recouvrant par un coup de râteau. Si le froid est encore à craindre on pourra jeter sur le semis un peu de terreau ou de sable blanc. La graine germe assez difficilement; il lui faut 15, 20 et même quelquefois 25 jours pour qu'elle commence à se montrer. Dès que les jeunes plantes deviennent visibles, on les arrose légèrement et on les sarcle à la main; quelques jours après on les arrose de nouveau et l'on sarcle à mesure que les herbes repoussent.

Les oignons ayant acquis une certaine force demandent à être éclaircis de manière à ce qu'ils soient distants l'un de l'autre de 7 à 8 centimètres; on peut même les éclaircir une seconde fois, ils n'en mûriront que mieux et deviendront plus gros. Lorsque l'oignon est prêt à mûrir on en abat les fanes et on le laisse sécher, après quoi on procède à l'arrachage qui se fait à la main. On laisse l'oignon quelques jours sur la terre pour qu'il finisse de se ressuyer et on le dépose ensuite dans un endroit froid et sec pour le conserver.

LE PORREAU.

Le porreau se cultive comme l'oignon. La terre doit être préparée de la même manière et amendée avec du fumier bien pourri, de vieux composts que l'on peut former avec des débris de verdures, des vidanges, de la chaux que l'on aura arrosée avec les eaux de lessive. Cet engrais le fait croître rapidement et lui donne une vigueur remarquable.

Lorsque les porreaux sont semés, on doit avoir soin de les arroser de temps en temps légèrement avec de l'eau dans laquelle on aura délayé un peu de fiente de poule ou de la bouse de vache. On les sarcle aussitôt qu'ils commencent à lever et on les éclaircit s'ils viennent trop drus. Le porreau ayant atteint la grosseur d'une plume d'oie, on prépare un terrain sur lequel on répand du fumier bien décomposé ou de la courte-graisse, et qui servira au repiquage.

Pour repiquer le porreau, on coupe les feuilles à 10 ou 12 centimètres, puis les racines en en laissant environ un demi-centimètre, et l'on plante dans des trous faits au plantoir et espacés de 15 à 20 centimètres en tous sens. On laisse tomber le porreau dans le trou sans le recouvrir; mais on arrose abondamment sur les bords afin d'entraîner une boue fine qui s'attache aux racines et assure la reprise rapide de la plante.

Si l'on veut qu'ils grossissent, on doit, pendant le cours de la végétation, en couper les feuilles à deux ou trois reprises. Avant l'hiver on peut arracher les porreaux et les mettre à la cave pour les conserver, ou bien on les laisse en terre où on va les recueillir au fur et à mesure des besoins du ménage. A l'approche du printemps, le porreau se dispose à monter en graine et il s'endurcit à tel point qu'il n'est plus mangeable; on doit se hâter alors de le déplanter pour en faire usage jusqu'au moment où les nouveaux seront venus.

LE HARICOT.

Dans les premiers jours d'avril on peut planter les haricots ; mais si le terrain est encore humide et que l'on craigne les gelées, on fera bien d'attendre la fin du mois.

Je vous ai déjà dit, mes amis, que le haricot n'est pas difficile sur le choix du terrain, et pourvu que la terre ne soit pas humide ou trop pauvre en engrais, il s'accommode bien partout.

Ce carré a été préparé par deux labours avant l'hiver, et recouvert de fumier de vaches. Après les gelées le fumier a été enterré par un labour. Le haricot veut un fond solide et une surface meuble. J'ai, en conséquence, avant de le planter, donné un léger coup de houe, puis j'ai battu et rebattu le carré ; lorsqu'il a été bien tassé, je l'ai ratissé à différentes reprises pour bien diviser la surface. La plantation se fait fort superficiellement, la graine est à peine couverte, et il y a un proverbe qui dit : *Le haricot doit toujours voir partir le semeur et entendre sonner midi.*

On plante en lignes comme les pois ou en touffes, mais on espace davantage. Si ce sont des haricots à ramer on dispose les plantés en rond, par touffes de 7 ou 8, de manière que le moment de placer les perches étant venu, on puisse les mettre au ntre du rond.

ce. rsque les haricots sont levés on les bine légèrement, puis Lo. ame et on les butte avec de la terre bien fine et des on les ᴐ bois ou de charbon. On ferait même très-bien de cendres ɑ. dres directement en couverture, les haricots y mettre les cen. rce et en produit. Dès que l'on a ramé on n'a gagneraient en fo. la propreté des planches en sarclant de plus qu'à entreteni
temps en temps. t en vert ; c'est une nourriture
On peut manger le haric

qui, sans être substantielle, est pourtant assez agréable et assez saine. On les cueille, dans ce cas, avec précaution pour ne pas arracher le pied qui tient fort peu à la terre.

Le haricot est une bonne nourriture, il a seulement l'inconvénient d'être lourd et venteux, et pour certaines personnes c'est une cause de désagréments qui les empêche d'en faire usage.

SALADES.

Je ne vous ai pas encore parlé de mes salades, vous voyez qu'elles sont déjà fort belles. En voici qui ont été semées en août ou en septembre; ce sont des laitues blanches et des grises appelées dans notre contrée des *grand' mères*. Elles ont été repiquées avant l'hiver. La salade est un légume très-sain et très-rafraichissant; on doit toujours en avoir dans son jardin de différentes espèces, selon les saisons, et un ménage ne doit jamais rester sans. Pour obtenir sans cesse des salades, jeunes, fraîches et tendres, on en sème de 15 en 15 jours de tout petits carrés que l'on repique par faibles portions.

Le repiquage se fait en lignes espacées de 30 à 35 centimètres et en mettant chaque pied à une distance à peu près égale; pour cela on se sert du plantoir à l'aide duquel on fait les trous en quinconce. Le parc étant ainsi préparé, on coupe le chevelu des racines, puis on laisse tomber chaque plançon dans un trou que l'on remplit à la main de manière à bien entourer la racine; alors on arrose à grande eau, afin que la terre adhère bien partout. On doit avoir soin de n'enterrer les plants que jusqu'au collet de la racine, plus profond, la salade pourrirait, moins profond, elle ne reprendrait pas, ou, si elle reprenait, elle ne tournerait pas. Le collet de la racine c'est le point de démarcation entre la tige et la racine: ce point se reconnaît toujours facilement lorsqu'on y porte un peu d'attention.

On peut aussi semer la laitue au printemps, elle n'est pas difficile sur le choix du terrain ; mais elle devient magnifique lorsqu'on la repique dans une terre qui a reçu du fumier vieux et pourri et qui a été bien ameublie. Voici un petit carré qui me fournira des plants pour repiquer dans quelques jours un nouveau parc. Les plus belles laitues pommées s'obtiennent en semant de la graine de laitue blonde et de la blanche sur une terre bien exposée et légèrement fumée, puis en les repiquant dans un terrain parfaitement ameubli et amendé. On arrose fréquemment, mais superficiellement le semis pendant les premiers temps de sa croissance, afin d'obtenir des plants bien enracinés et bien tendres. Les plants repiqués étant repris on entretient soigneusement la propreté du parc, on l'arrose tous les jours dans les grandes chaleurs et on bine de temps en temps au pied pour accroître et précipiter la végétation.

Il n'est pas indifférent de semer telle ou telle laitue à toutes les époques de l'année. Ainsi la laitue-gotte à graine noire ne convient que pour les semis de printemps, la laitue blonde à graine blanche, la blonde paresseuse à graine noire pour l'été. Ce sont là les espèces qui pomment le mieux et dont vous pourrez espérer les plus belles récoltes. Pour l'hiver on peut semer la petite laitue noire ou la laitue de la passion, sans parler de la scarole et de l'endive.

LA CAROTTE.

La carotte veut une terre légère, bien ameublie, profondément labourée et fumée abondamment. Je vous ai déjà dit cela dans la grande culture, seulement dans le jardin je vous conseillerai de n'employer que des engrais vieux et bien décomposés, car le produit étant destiné à la table, il serait désagréable d'avoir à lui reprocher une odeur et un goût de fumier. Cela arriverait pourtant infailliblement si vous employiez comme engrais le fumier long ou humide, le fumier de cheval ou celui de porc.

Avant de semer la carotte on aura soin, pour qu'elle lève plus vite, de la laisser pendant quelques jours dans de l'eau tenue à une température douce, alors on peut la confier à la terre. Je vous ai recommandé, en parlant des plantes-racines, de ne jamais les semer qu'en lignes. Ce procédé est plus avantageux pour les binages et sarclages que ces plantes réclament plus que toutes les autres.

Dans des rigoles profondes d'un centimètre faites avec un petit bâton pointu, et distantes de 15 à 20 centimètres, on laisse tomber une certaine quantité de semence, de manière à ce qu'il n'y ait point de solution de continuité. Le semis a été couvert avec un peu de terreau, à l'épaisseur de quelques millimètres seulement. Si l'on n'a pas de terreau on peut recouvrir en passant légèrement le râteau sur les lignes.

Plus une plante-racine est sarclée et binée, plus et mieux elle se développe. Ne négligez donc pas de passer souvent la binette dans vos parcs ; tenez la terre bien meuble et bien propre, et vous serez assurés d'avoir de beaux et bons légumes.

Il faut avoir soin surtout d'éclaircir une première fois lorsque les carottes auront atteint sept à huit centimètres de hauteur, et une deuxième fois un mois après, de manière que les plants soient distants de 15 centimètres en tous sens.

On a l'habitude de semer des salades ou des radis avec les carottes. J'ai essayé de ces moyens et je puis vous dire qu'ils n'ont que cela de bon, qu'ils empêchent les insectes d'attaquer la graine de carotte dont ils sont friands, parce qu'ils trouvent dans les radis et la salade une nourriture abondante. De plus, ces plantes garantissent la jeune carotte contre les ardeurs du soleil et lui conservent une salutaire humidité ; mais dès que les attaques des insectes ne sont plus à craindre, que les plantes commencent à grandir et à se fortifier, il faut s'empresser d'arracher tous ces produits étrangers qui nuiraient singulièrement au développement de la plante principale.

LE PANAIS.

Le panais se cultive comme la carotte. Je vous dirai seulement que la graine doit être fort-clair semée et enterrée profondément, car le panais se développe d'une manière remarquable lorsqu'il n'est pas gêné dans sa croissance.

LES BETTERAVES.

Ce que vous voyez ici qui commence à sortir de terre, ce sont des betteraves rouges. Je vous ai parlé en détail de cette culture en passant en revue les betteraves des champs.

La betterave craint le froid et la sécheresse, c'est pourquoi on ne doit la semer qu'après les dernières gelées et l'arroser fréquemment en été. Il est bon aussi de la biner plusieurs fois et de l'éclaircir jusqu'à ce que les pieds soient définitivement distants de 25 à 30 centimètres. La betterave est une excellente nourriture, les ragoûts que l'on en fait l'emportent à mon avis sur ceux où entre le panais. Elle donne très-bon goût aux salades qu'elle sert à parer autant qu'à relever. Elle est en usage enfin dans d'autres préparations culinaires.

Il est fort probable que si je ne vous donnais pas votre congé, vous resteriez ici jusqu'à demain matin. Ce n'est pas un reproche que je vous adresse, au contraire... mais quelque plaisir que j'éprouve à vous voir prêter à mes leçons une attention si soutenue, je dois aussi songer au repos. Or, la cloche du souper vient de sonner et le soleil dore de ses derniers rayons nos moissons naissantes ; bientôt ses feux s'éteindront pour briller plus vivement encore demain matin. Dépêchez-vous donc, mes amis, de retourner chez vous et de prendre un repos qui vous sera nécessaire après une journée si bien employée.

M. Dumont conduisit ses élèves jusqu'à la porte de sortie et leur souhaita le bonsoir. Il leur promit de faire tous ses efforts pour être à même de leur consacrer une journée dans les premiers jours de juin.

PROMENADE DU MOIS DE JUIN.

CHAPITRE XXXVIII.

CULTURE DES NAVETS, DES CHOUX, DE L'ASPERGE, DE L'ARTICHAUT, DU SALSIFIS, DE LA SCORSONÈRE, DE LA CHICORÉE, DU CÉLERI, ETC.

Le premier jeudi du mois de juin, c'est-à-dire trois semaines après la dernière visite à la ferme, M. Dumont fit avertir M. Durand qu'il se tenait à sa disposition pour l'après-midi tout entière.

Le maître s'empressa d'annoncer cette nouvelle à ses élèves qui sautèrent de joie en l'entendant ; il leur recommanda de se tenir prêts à partir l'après-midi, à la première heure ; puis il les congédia.

L'après-midi pas un ne fit défaut, on avait tant de plaisir à aller à la ferme que la chose ne doit point nous étonner. On partit gaiement à la conquête de connaissances nouvelles.

M. Dumont, qui était à la porte de sa ferme, vit arriver nos jeunes amis ; il les conduisit immédiatemment dans son jardin pour les laisser jouir pendant quelques instants de la vue des belles fleurs de toute espèce dont il était parsemé. Il s'approcha alors de son vieil ami, M. Durand, et on les vit s'entretenir de leurs élèves. C'était là leur unique préoccupation, on voyait que ces deux vieillards avaient pris à cœur l'éducation de ces enfants ; ils les chérissaient comme de bons pères ; ils faisaient tout pour eux, aussi comme ils en étaient bien récompensés et quels dignes et charmants jeunes gens ils avaient formés pour l'avenir !

La conversation terminée, M. Dumont rappela ses élèves dispersés dans les différentes parties du jardin, et lorsqu'il les vit tous réunis autour de lui il commença la leçon.

Nous avons, je crois, dans notre dernière leçon fini de passer en revue le carré de betteraves, laissez-moi vous faire voir celles qui ont été repiquées. Elles sont bien relevées, n'est-ce pas, mes amis, c'est que véritablement le temps nous a bien secondés. Je vais continuer mes explications en suivant l'ordre dans lequel les plantes se présenteront à nos yeux.

LE NAVET.

Voici des navets, parlons des navets.

Chacun de vous connaît cet excellent légume, et j'en sais plus d'un qui se rappelle le haricot de mouton que sa mère prépare quelquefois pour le repas de sa famille.

La terre destinée au navet doit être légèrement fumée avec du fumier pourri, puis bêchée superficiellement à deux reprises différentes, et ratissée jusqu'à ce que la surface soit parfaitement meuble. Après cela on choisit de la graine de deux ans ; c'est la plus convenable, et on la sème à la volée, vers la fin d'avril par un temps pluvieux. On recouvre le semis d'un coup de rateau profond de deux à trois centimètres, ensuite la terre est battue pour qu'elle ne perde pas son humidité.

Pour activer la germination, on arrose souvent s'il fait sec, par ce moyen on écarte en même temps les insectes. Au bout de cinq a six jours les navets commencent déjà à lever. Lorsqu'ils ont leurs quatre premières feuilles, on les éclaircit à la main. On les bine assez profondément quelque temps après, en les éclaircissant une seconde fois, afin de les laisser espacés de dix à quinze centimètres. Un arrosement fréquent leur est favorable, car les navets d'été seraient toujours durs et piquants ; l'eau les rend tendre et doux et les excite à tourner.

Il arrive souvent que les altises commencent à se montrer lorsque les navets sortent de terre ; deux jours après, si l'on n'y prend pas garde, tout le parc aura disparu comme par enchantement. Empressez-vous donc de les arroser avec de l'eau de savon mélangée d'urine humaine. Cet arrosage ne pourra au surplus que faire beaucoup de bien à votre récolte.

Le navet qui servira pendant l'hiver se sème après les pois, les pommes de terre, les choux, et sans fumier. Ayez la précaution d'en semer un bon carré afin d'en avoir toujours à la disposition de la ménagère pour faire ses soupes et ses ragoûts.

LE CHOU.

Le chou est un légume d'une grande utilité dans les fermes, c'est aussi une nourriture saine pour les ouvriers. Un jardin bien entretenu doit toujours en contenir un vaste carré, à toutes les époques de l'année pour ainsi dire.

En voilà qui ont été semés au mois de mars dernier et repiqués en avril. Dans chaque carré j'en ai mis une espèce différente : Ici ce sont des choux de Milan semés en mars et repiqués lorsqu'ils ont atteint 15 à 20 centimètres de hauteur ;

là c'est le chou cabus ou cœur de bœuf beaucoup plus précoce que les précédents ; ils ont été semés en août et repiqués avant l'hiver, depuis longtemps on en mange à la ferme. Pour les garantir des gelées on doit avoir soin de les couvrir de fumier long, car sans cela ils ne résisteraient pas à la rigueur de certains hivers.

Pour l'hiver j'ai repiqué le gros chou cabus blanc qui forme une pomme si serrée. Il n'est pas très-délicat, mais il offre de grandes ressources pour le ménage.

Les choux-fleurs se sèment vers le milieu de mai sur couche. Lorsqu'ils sont assez forts on prépare un terrain bien amendé de fumier long et arrosé de courte-graisse, et on les plante à quatre-vingt centimètres de distance les uns des autres en quinconce. On les arrose et on les bine fréquemment afin d'en forcer le développement. Si l'on n'a pas de couche on peut semer le chou-fleur en pleine terre au milieu du mois de mai.

Dès que la pomme commence à se faire, on lie les verdures par un temps sec pour la faire blanchir. Avant les gelées on doit les dégarnir de leurs feuilles, les arracher et les suspendre dans un endroit bien sec pour les conserver.

Le chou-fleur d'été se sème vers la fin de janvier sur couche ou avant l'hiver, et se repique dès qu'il a atteint la grosseur d'une plume d'oie.

Sans engrais vous n'obtiendrez que des choux médiocres, mes amis ; fumez donc bien votre terre, avant que de les planter, avec du fumier d'étable dans lequel vous aurez mis des cendres de bois. L'ouvrier qui jardine n'a pas souvent sous la main du fumier d'étable, qu'il se serve alors des boues qu'il recueillera pendant l'hiver et qu'il mélangera avec des latrines et un peu de chaux. Au moyen de ce compost qu'il assimilera bien à la terre par des labours soigneusement faits, avec de bons plants, sans boulets, qu'il repiquera comme je vais vous le dire, il sera assuré d'avoir une belle récolte.

Repiquer paraît une chose bien facile ; mais si l'on veut mener cette opération à bonne fin, il faut y mettre tous ses soins, car de là dépend le succès de la reprise.

Le chou doit être arraché avec précaution de manière à conserver un peu de terre autour des racines ; les plantes garnies de boulets au collet doivent être rejetées. Ceux qui auront été conservés seront alors plantés à la distance de quarante à cinquante centimètres. Pour cela on les introduit avec précaution dans les trous qui ont été faits au plantoir, de manière à ne pas plier la racine : lorsque tout le carré est planté, on arrose chaque chou avec de l'eau dans laquelle on a délayé un peu de bouse de vache. L'eau entraîne une terre fine qui fixe bien la racine et l'enveloppe de tous côtés. On finit de remplir le trou à la main jusqu'au collet, et on laisse partir la plantation. Au bout de quelques jours les feuilles qui étaient tombées commencent à se relever, et le chou ne tarde pas à reprendre son ancienne vigueur.

Je dois encore vous donner un conseil : lorsque vous aurez à semer des choux, choisissez les graines les plus lisses, et les plus noires, ce sont les seules bonnes ; si vous en rencontrez de ridées rebutez-les, elles ne valent rien.

L'altise s'attaque souvent aux jeunes pousses. On la détruit par le même moyen que je vous ai indiqué pour les navets.

L'ASPERGE.

Je vais vous faire voir des produits qui, sans être aussi utiles dans les pauvres ménages, peuvent cependant être cultivés dans tous les jardins pour servir à la consommation ou à la vente.

Il était temps que vous vinssiez, bientôt vous n'en auriez plus vu, dans huit jours on n'en cueillera plus, le plant va cesser de fournir jusqu'au mois d'avril prochain et va monter en graine.

L'asperge, puisqu'il faut l'appeler par son nom, est un légume excessivement sain et fort recherché, parce qu'il est un des premiers que l'on puisse présenter sur les tables.

Je vais en quelques mots vous faire connaître comment on peut en obtenir un bon plant.

En mars ou en avril on creuse des fossés de cinquante à soixante centimètres de profondeur et d'une largeur d'un mètre tout au plus. On recouvre le fond de branches de bois et de cailloux, à l'épaisseur de cinq à six centimètres, et sur lequel on met une couche de trente centimètres de fumier de cheval bien décomposé, mélangé avec des cendres de bois. De cinquante en cinquante centimètres on dispose des petites poignées de terre fine sur lesquelles on étend les griffes que l'on recouvre ensuite de terreau et de terre bien divisée, d'une épaisseur de huit à dix centimètres, puis on laisse partir la plantation. La première et la deuxième année, on ne doit pas manger les asperges, il serait même bon de ne pas trop y toucher la troisième année, on y gagnera par les produits des années suivantes et par la durée des griffes.

Au mois de novembre on découvre le plants et on y ajoute huit centimètres de fumier pourri, parce que l'asperge pousse toujours de nouvelles griffes au-dessus des anciennes, et que sans cette précaution elles finiraient par sortir de terre.

Deux insectes font la guerre aux asperges, ce sont le ver blanc ou larve du hanneton et la courtillière. Pour les mettre à l'abri du ver blanc, on sème sur le parc des laitues qu'il attaque avec voracité en négligeant l'asperge.

La courtillière est plus dangereuse; on doit lui faire une guerre incessante, la rechercher partout, la suivre dans tous les trous qu'elle s'est creusée et la poursuivre tant qu'on la trouve. On connaît deux moyens de destruction que je vais vous indiquer et qui s'aident l'un l'autre. Le premier consiste à mettre près du trou où l'on suppose que s'est retiré l'insecte, un gros gazon humide. La courtillière, qui aime la fraîcheur, viendra pendant la nuit s'y réfugier, et y restera jusqu'à ce que le jour paraisse. Levez-vous alors de bon matin, approchez-vous sans bruit, soulevez brusquement le gazon et vous la trouverez en compagnie de plusieurs autres. Inutile de vous dire qu'il faut les écraser sans pitié. Le second moyen consiste à verser dans le trou une quantité d'eau assez grande pour qu'elle arrive à la surface, puis à verser de l'huile et de l'eau lorsque la première aura été absorbée par la terre ; vous verrez bientôt l'insecte apparaître à l'orifice du trou et mourir un instant après.

L'ARTICHAUT.

Le deuxième produit dont je vous parlais tout à l'heure, c'est l'artichaut. Je n'ai pas l'habitude de semer mes artichauts, je les plante, c'est beaucoup plus expéditif, et l'on a du produit l'année même quelquefois. Pour cela je prends les œilletons, c'est-à-dire toutes les jeunes tiges qui ont poussé sur le pied pendant l'année et qui ont des racines.

Avant l'hiver un parc a été amendé avec du fumier de cheval bien pourri et des cendres, défoncé ensuite à 50 centimètres, et labouré profondément. Au printemps on a donné un second labour à la terre et on a planté les œilletons à raison de deux par trous, à 70 ou 80 centimètres de distance. Si le temps n'est pas trop froid, on arrose deux fois par jour pour favoriser la reprise. Lorsque le plant est bien parti on enlève le moins vigoureux des deux pieds, et on ne laisse sur l'autre qu'une seule tête, elle y gagnera en qualité et en volume.

Au mois d'octobre ou de novembre, on coupe les pieds à raz de terre, puis on les couvre d'un peu de fumier long ou de paille, afin de les mettre à l'abri des gelées qu'ils craignent beaucoup ; au printemps le fumier est retiré, et les pieds livrés à eux-mêmes végètent avec vigueur.

LE CÉLERI.

Le céleri se sème fin mars sur une terre bien meuble et bien fumée. Dès qu'il a atteint une hauteur de 20 à 25 centimètres on prépare un fossé de 30 à 40 centimètres de profondeur, et large de 50, dans lequel on a enfoui, quelques jours avant la plantation, du fumier bien décomposé, ou, à défaut, de la courte-graisse. On repique alors en lignes à 50 centimètres de distance, et à mesure qu'il pousse on le recouvre de plusieurs centimètres de la terre que l'on a retirée du trou, de manière que lorsqu'il a atteint tout son développement, le fossé soit tout à fait comblé.

On peut encore repiquer le céleri en pleine terre, à 10 centimètres de profondeur, en le recouvrant avec la terre qui se trouve entre les lignes à mesure qu'il grandit.

Le céleri craint beaucoup le froid, il faut l'arracher avant l'hiver, et le mettre sur du sable fin dans une cave. Il se conserve fort bien de cette manière.

LE SALSIFIS. — LA SCORSONÈRE. — LA CHICORÉE.

Il me reste à vous parler, mes amis, de la culture de trois racines qui sont d'un excellent usage dans le ménage et d'autant plus précieuses qu'elles peuvent servir dans l'hiver, au moment où l'on trouve si peu de légumes dans les jardins. Ce sont le salsifis, la scorsonère et la chicorée. Je ne vous ferai pas d'autre différence entre le salsifis et la scorsonère, que de vous dire que l'une a la racine blanche et l'autre la racine noire. On les appelle vulgairement salsifis blanc et salsifis noir. La même culture leur convient, ils ne sont pas difficiles sur le choix du terrain ; mais ils demandent à être mis après des récoltes qui ont été fumées.

On bêche la terre destinée à les recevoir assez profondément. En mars ou en avril on sème en lignes ou à la volée (je préfère le semis en lignes), on recouvre la semence avec un coup de rateau profond, on bat ensuite le parc, puis on l'arrose deux fois par jour pour activer la germination. Au bout d'un mois ou six semaines, on doit éclaircir de manière à laisser un peu d'espace entre chaque plant, et permettre aux racines de se développer aisément. Quinze jours après on donne un bon binage pour activer la croissance.

On récolte le salsifis au commencement de l'hiver, ou bien on le laisse en terre et on l'arrache au fur et à mesure des besoins.

Cependant comme les gelées empêcheraient souvent de les arracher, on fait bien de les ôter avant que la terre ne se durcisse, et de les porter à la cave où on les couche sur un lit de sable fin. On recouvre avec un peu de sable et de paille.

La scorsonère peut passer l'hiver en terre, elle y gagne en qualité, car elle devient plus douce et plus tendre. Un bon jardinier doit semer la scorsonère et le salsifis afin d'avoir toujours dans le jardin quelque chose à manger. La scorsonère lui fournira ses produits en été et au printemps, si on l'a semée au mois d'août précédent ; le salsifis les lui donnera avant et pendant l'hiver. En prenant ces précautions le potager ne sera jamais vide ; c'est ce à quoi il faut avoir égard, si l'on veut en retirer le plus de bénéfice possible: toute la science du jardinier est là.

La chicorée est un légume que je cultive pour ses feuilles qui me fournissent une salade fort saine, agréable et apéritive, ou pour ses racines.

Voici la variété commune frisée, qui me fournit des racines servant aux mêmes usages que les deux plantes que nous venons de passer en revue. La culture en est la même, seulement on sème en mars pour récolter en septembre. On la conserve dans les caves de la même manière que les salsifis. La chicorée est très-amère, cette saveur plaît infiniment à certains palais, mais aussi déplaît beaucoup à certains autres.

LA CHICORÉE ENDIVE.

Ce parc contient la chicorée endive ou scarole, que je cultive pour ses feuilles. La graine se sème en avril ; on peut aussi la semer en août, elle donne alors ses produits pour l'hiver. Lorsque les plantes ont atteint 10 à 15 centimètres de hauteur, on les repique en lignes espacées de 40 cent. et l'on arrose souvent. Lorsqu'elles sont grandes on les lie par un temps sec et en plein soleil, avec un petit lien de paille afin de les faire blanchir. A l'approche de l'hiver, celles qui ont été semées en août doivent être couvertes de paillassons et de paille pour les garantir des gelées. L'endive frisée se cultive de la même manière, c'est aussi une excellente salade d'hiver.

LE CORNICHON.

Le cornichon est un petit légume très-recherché sur les tables lorsqu'il a subi quelques préparations. Il n'a par lui-même aucune saveur, mais il devient très-agréable quand il a été confit dans le vinaigre avec du poivre, du sel, de l'estragon, des clous de girofles et des petits oignons. Il se sème sur couche en mars et se repique en pleine terre en mai. A défaut de couche, on peut attendre le milieu du mois de mai pour le semer en pleine terre, sur une planche bien préparée avec du fumier de cheval bien pourri et recouvert de cendres de bois.

Le cornichon se plante en faisant avec le doigt des trous de 2 centimètres à peu près de profondeur et à 30 ou 40 de distance, dans lesquels on met trois ou quatre grains ; une fois que le plant est bien parti, on supprime toutes les tiges faibles et l'on n'en conserve qu'une forte à chaque touffe ; on arrose fréquemment.

Si les mauvaises herbes infestent la planche, on sarcle et on bine légèrement. Si les branches sont trop nombreuses on retranche celles qui gènent et on étête celles qui sont conservées. Quelque temps après, si l'on s'aperçoit que l'extrémité des tiges est chargée d'une grande quantité de fleurs qui ne peuvent se développer et qui cependant épuisent considérablement le pied, on doit les retrancher avec l'ongle de manière à favoriser le développement de celles qui sont échelonnées tout le long de la tige.

LA TOMATE.

La tomate est un joli légume, comme vous pouvez le voir, elle ressemble assez, lorsqu'elle est verte encore, à une calville. On la cultive pour donner de la saveur à certaines sauces, et pour les relever par son goût un peu acide. On la sème en pleine terre en l'exposant devant un mur qui reçoit les rayons du soleil. On la sème aussi sur couche pour la repiquer lorsqu'elle est suffisamment développée. La tomate n'est pas difficile sur le choix d'un terrain, elle ne demande que de fréquents arrosages.

LE MELON.

Depuis quelques années je sème dans une exposition bien chaude quelques melons que je cultive sur couche. Je ne vous conseille pas de pratiquer cette culture qui, dans nos climats, est fort peu productive, demande beaucoup de soin et coûte plus cher que les melons ne valent.

LA CITROUILLE.

La citrouille ou potiron vient très-bien en pleine terre et ne demande que des arrosages réitérés. Je vous conseille d'en avoir toujours quelques pieds dans votre jardin, ils vous serviront à faire des ragoûts et des potages délicieux. Vous n'aurez qu'à les semer comme le cornichon, soit sur couche en mars pour être repiqués, soit en pleine terre au milieu du mois de mai.

Je crois que nous avons passé en revue toutes les plantes que je cultive dans mon jardin. Je veux maintenant vous faire voir mes arbres fruitiers et vous dire les soins que je leur donne ; mais auparavant laissez-moi encore vous donner quelques conseils relativement à l'entretien du jardin.

Rien peut-être ne demande plus d'attention que le jardin, si l'on veut y récolter de beaux et bons légumes. Il lui faut des soins journaliers, et ne vous croyez pas quitte envers lui lorsque vous l'aurez bêché, fumé, ensemencé. Travaillez encore, tournez et retournez la terre, détruisez les mauvaises herbes, arrosez les plantes qui languissent, ne craignez pas de faire trop pour lui, à tous les moments de l'année il réclamera vos soins.

Dès que la récolte est en partie enlevée, labourez vos planches profondément, vous ne pourrez jamais donner trop de bonne terre aux plantes. Aussitôt les gelées passées, que les premiers rayons du soleil commenceront à sécher la terre, hâtez-vous d'en profiter pour transporter vos fumiers, et à ce propos je dois encore vous dire deux mots.

Généralement l'ouvrier qui possède un petit jardin autour de sa maison n'a pas sous la main les fumiers nécessaires pour l'amender, il peut cependant toujours se procurer des engrais puissants qu'il laisse souvent perdre sans profit. Ces engrais ce sont les débris des récoltes précédentes, les boues, les poussières qu'on peut recueillir dans les ruisseaux, dans sa maison, les déjections de la famille. Qu'il fasse un trou, qu'il y jette tout cela, qu'il le mélange en y ajoutant un peu de chaux, qu'il y ajoute ses cendres de lessive, qu'il arrose avec ses eaux de savonnage; et lorsque le moment de l'employer sera venu, qu'il jette ce compost sur ses carrés, il verra les résultats inattendus qu'il en obtiendra.

Qu'il ne se plaigne donc pas que rien ne pousse dans son jardin parce qu'il n'a pas de fumier. Cela n'est pas vrai, il en a et du bon, et il le jette à la porte. Il faut au contraire le recueillir avec soin, rien n'est à dédaigner en culture, le fêtu de paille que l'on ramasse tous les jours, fait un grand tas après l'hiver. Rappelez-vous bien cela et ne laissez rien perdre; aussi sale, aussi malpropre que ce soit, c'est une richesse pour le jardin. Lorsque la terre commence à se ressuyer, hâtez-vous donc de la fumer, de la bêcher, préparez-la pour le moment où les semailles deviendront possibles. En attendant nettoyez vos allées, préparez et relevez vos plates-bandes, faites un bon choix des semences que vous avez mises en réserve, car il vaut toujours mieux récolter ses semences soi-même que de les acheter chez les marchands. Pour cela prenez toutes les plantes que vous destinez à porter graines, repiquez-les dans un endroit bien exposé au soleil, et lorsque les graines seront bien formées, bien mûres, arrachez les pieds, mettez sécher pendant quelques jours au soleil, battez ensuite pour recueillir la semence, et déposez-la dans un endroit bien sec. Rejetez au moment du semis, celles qui vous paraîtraient atteintes de l'humidité ou qui auraient perdu de leurs qualités. Semez-les au moment favorable, vous réussirez toujours dans vos récoltes.

Lorsque vos planches seront bien garnies de différents légumes, visitez-les tous les jours. Veillez aux papillons qui pondront sur vos choux et dont les chenilles dévoreront les feuilles; veillez aux vers blancs, aux courtillières que vous détruirez par les moyens que je vous ai indiqués. Arrosez fréquemment lorsque la chaleur sera trop ardente et que la sécheresse se prolongera; sarclez souvent, dans un jardin bien tenu, on ne doit pas voir la moindre herbe parasite, elles vivent toujours au détriment des bonnes plantes. Si l'arrosage est impossible, binez de temps en temps, cela en tiendra lieu et aura en outre l'avantage de rendre toujours votre terre bien propre et bien meuble.

Récoltez vos légumes avec précaution, ne détruisez pas par trop de précipitation ceux qui restent dans la terre.

Au moment de l'hiver, votre récolte devient générale. Transportez-la dans des caves assez sèches, couvrez-la de sable fin et de paille; par ces diverses précautions, vous récolterez toujours de bons et beaux légumes, et vous les conserverez longtemps pour votre consommation avec toutes leurs qualités.

Je crois qu'il ne sera pas inutile de vous donner, en finissant, un aperçu des travaux et des semis que vous pourrez avoir à faire pendant chacun des mois de l'année; mais je vous rappellerai que le temps sera votre meilleur guide à cet égard.

Calendrier des Travaux à exécuter au jardin pendant chacun des mois de l'année.

En janvier, février, mars : labours, transports de fumiers. En mars, on peut semer les carottes hâtives, des oignons, des laitues, du persil, du cerfeuil, des pois, des fèves, des épinards, des radis, de la ciboule, des choux de Milan, des choux cœurs de bœuf. On peut mettre aussi en plates-bandes et en bordures, les petits oignons repiqués, l'ail, l'échalotte et les fraisiers.

En avril, vous planterez les pommes de terre et, si le temps est beau et sec, les haricots. Vous semerez surtout alors le céleri, les choux-verts, les choux-fleurs, le porreau, les oignons, les carottes, c'est leur vrai mois dans nos climats; vous repiquerez les choux semés en automne, si vous n'avez pu le faire en mars; vous semerez le salsifis, la scorsonère que vous aurez même pu mettre en mars; le potiron. Vous pouvez planter enfin les œilletons d'artichaut, les tomates et repiquer les choux-fleurs.

Mai. — Repiquez les plantes de radis pour la graine, sarclez et binez bien vos planches, arrosez vers dix heures, repiquez les choux semés en mars; semez des navets hâtifs. Tous les travaux d'avril peuvent être faits en mai.

Juin. — On sème encore des pois, des choux-fleurs et toutes les plantes du mois d'avril pour l'automne. On arrose deux fois par jour, matin et soir, on sarcle et on bine souvent.

Juillet. — Semez l'endive, repiquez les choux-fleurs, commencez à récolter vos semences.

Août. — On sème des navets, on sème des choux pour être repiqués sur couche. On sème aussi les salsifis, les carottes, les épinards pour le printemps.

En septembre, octobre, novembre et décembre, on sème encore des choux sur couche pour les repiquer avant l'hiver, on récolte toutes les graines des plantes restées en terre. On replante les bordures de fraisiers, d'oseille, on met en place les choux, betteraves, navets qui doivent porter graines l'année suivante.

Quoique le temps ne nous presse pas aujourd'hui, je crois qu'il est bon que je ne pousse pas plus avant mes explications. Dans notre prochaine entrevue, j'aurai à vous entretenir des arbres fruitiers et des fleurs. Cette leçon ne sera pas la moins intéressante de toutes celles que vous avez reçues jusqu'à ce jour; mais aussi ce ne sera pas la plus facile, et si vous voulez me comprendre, il faudra que vous montriez beaucoup de bonne volonté et que vous me prêtiez plus d'attention encore que de coutume, si c'est possible.

Je suis obligé de vous quitter, j'aurai besoin de m'absenter ce soir.

Je ne vous renvoie pas, si la vue de ces fleurs peut charmer votre regard, eh! bien, voyagez, marchez de tous côtés, le jardin est à vous, admirez ces plates-bandes, ces parterres ces gazons fleuris, lorsque vous aurez tout vu, que vous serez fatigués, entrez dans la cour et faites une bonne partie de barres : adieu, mes amis!

Les jeunes gens saluèrent leur bon maître et se répandirent dans toutes les allées comme un essaim d'abeilles qui se disperse pour aller butiner le suc des fleurs, ils demeurèrent longtemps à s'extasier devant toutes les merveilles réunies dans ce petit paradis, puis, profitant de l'autorisation qu'ils avaient eue de M. Dumont, ils entrèrent dans la cour et se mirent au jeu avec autant d'ardeur qu'ils en mettaient à écouter ses leçons et à accomplir leurs devoirs.

M. Durand alla prendre un vieux bouquin dans la bibliothèque et vint s'asseoir sous le portail au milieu de ses élèves... Absorbé par sa lecture, les enfants par leur jeu, ils ne voyaient pas que la nuit venait à grands pas. Les lignes s'effaçaient sur le papier... M. Durand releva enfin la tête... Ah! ah! s'écria-t-il, en marche, nous sommes en retard. Les jeux cessèrent aussitôt et l'on partit grand train.

DEUXIÈME PROMENADE DE JUIN.

CHAPITRE XXXIX.

CULTURE DES ARBRES FRUITIERS.

Huit jours après on était encore devant cette porte hospitalière qui s'était ouverte tant de fois pour recevoir nos jeunes amis. On arrivait tôt, car la leçon, avait dit le maître, serait longue et difficile, mais on n'était point rebuté pour cela, bien au contraire. Comme le guerrier qui va combattre un ennemi redoutable se charge d'armes nouvelles, ils avaient fait ample provision de bonne volonté pour vaincre les difficultés que pourraient présenter les questions dont on allait les entretenir.

M. Dumont vint ouvrir lui-même, il était déjà tout prêt. Il serra la main de son vieil ami, salua ses élèves en leur accordant à chacun un sourire et un mot affable. Il les fit entrer dans le jardin et commença aussitôt la leçon.

J'avais terminé, je crois, mes amis, de vous tracer un calendrier des travaux à exécuter dans le jardin pendant le cours d'une année. J'aurai dû vous parler des soins à donner aux arbres fruitiers ; mais je ne négligerai pas en passant chacun d'eux en revue de vous donner tous les détails désirables sur ce point.

Le but que doit se proposer un bon jardinier, c'est de retirer de ses arbres les fruits les plus beaux, les plus parfumés, les plus savoureux. Pour arriver à ce résultat, il doit savoir les tailler, les greffer, les diriger et surtout les laisser improductifs jusqu'à ce qu'ils aient acquis une certaine vigueur. De même que vous ne pouvez attendre d'un enfant le travail d'un homme fait, de même vous ne pouvez demander aux jeunes arbres des fruits d'une perfection égale à ceux qui proviennent des arbres ayant acquis par l'âge une vigueur suffisante.

La taille a pour but de détruire une quantité de branches qui se nourissent aux dépens des autres, qui épuisent le pied, arrêtent le développement des fruits que l'arbre devait produire; on taille aussi afin de lui donner une figure plus agréable à la vue ; on taille enfin pour lui faire porter plus et de meilleurs fruits et le conserver sain et robuste.

Il y a cinq sortes de branches bien distinctes entre elles et qu'un peu d'habitude et de pratique vous fera aisément connaître. Ce sont :

1.º Les branches à bois qui servent à donner la forme à l'arbre. On les taille avec attention depuis 3 pouces jusqu'à 6 pouces de longueur selon les besoins. Ces branches se reconnaissent à leurs yeux gros et rapprochés les uns des autres ;

2.º Les branches à fruits qui portent des fleurs, et par cela même sont les plus utiles de l'arbre. Elles sont, comme vous le voyez, plus courtes et moins grosses que les branches à bois, elles ont aussi les yeux plus gros et plus rapprochés ; on ne peut les confondre. Ces branches doivent rester intactes, à moins qu'elles ne soient trop fortes et trop longues.

3.º Les branches gourmandes qui forment de longs jets

très-droits et gros comme le doigt, en voici une, mais qui a déjà été taillée. Elles ont l'écorce unie et luisante, les yeux plats et très-éloignés les uns des autres. Elles doivent être retranchées complètement, car elles épuisent considérablement le sujet. On peut cependant les tolérer si elles peuvent servir à remplir les vides;

4.º Les branches de faux bois naissent souvent sur les branches à bois; elles ont les yeux plats, éloignés les uns des autres. Elles doivent aussi être retranchées comme inutiles et épuisantes.

5.º Les branches chiffonnes, longues et très-fines qui poussent en grand nombre chaque année et ne sont bonnes à rien. elles doivent être coupées sans pitié.

6.º La lambourde est une petite branche, grosse, charnue, ridée, ayant un bouton à son sommet. Au bout de la troisième année elle donne des fleurs et se ramifie en croissant d'un centimètre. Ces branches doivent être conservées avec soin, car elles sont l'espoir et l'avenir de l'arbre.

Lorsque l'on connaît bien toutes ces branches, qu'on sait les distinguer à coup sûr, la taille devient facile. Il faudrait cependant, pour vous l'apprendre d'une manière satisfaisante, en faire un cours complet, je ne puis en une seule leçon vous en donner qu'une idée bien imparfaite. Si plus tard vous voulez étudier à fond cette intéressante question, vous pourrez m'en faire part, et si le temps me le permet, ce sera pour moi un véritable plaisir de vous satisfaire.

Tous les arbres ne se taillent pas à la même époque : ainsi le pommier, le poirier, le prunier, peuvent se tailler aussitôt que les feuilles sont tombées, quoiqu'on attende souvent pour le faire, le mois de mars.

L'abricotier, le pêcher, doivent se tailler en avril afin qu'on puisse reconnaître aisément les branches qui doivent être conservées.

Nous ne nous étendrons pas sur la taille du pommier et du poirier, en vous rappelant ce que nous avons dit des diverses branches, vous saurez celles que vous devrez conserver, soit pour former figure, soit pour avoir du fruit. Je vous ferai seulement encore une observation. Il arrive souvent qu'une branche devient tellement forte qu'elle use à elle seule presque toute la sève de l'arbre, les autres végètent, se flétrissent. Faites au-dessous et jusqu'à l'aubier une incision afin d'arrêter la marche de la sève dans les branches fortes ; elle ira alors se répandre dans les faibles et leur rendre la vigueur qui leur est nécessaire.

Lorsque vous aurez affaire à des espaliers ayez bien soin de les palisser régulièrement, et pour cela attendez le mois de juin, afin de ne pas toucher, par mégarde, les branches à fruits qui pourraient souffrir. Commencez alors à étendre votre branche du bas à droite, je suppose, et marchez ainsi jusqu'au sommet ; reprenez du côté gauche en ayant soin d'observer la même symétrie que pour le côté droit. Retranchez les branches superflues ou mal placées, c'est-à-dire placées en dehors ou en dedans de la muraille.

Le pêcher demande plus de soins que les autres arbres fruitiers, la taille en est plus compliquée. Le fruit ne vient que sur le bois poussé pendant l'année précédente. On aura donc soin, au moment de le tailler, de conserver ce bois, non pas entièrement, mais en lui laissant cinq ou six yeux ; la moindre blessure fait couler une grande quantité de gomme qui occasionne des chancres et lui fait beaucoup de tort. Cela provient souvent du défaut de précaution que l'on a lorsqu'on le palisse. On le lie trop fortement, on brusque les branches et l'on détruit son arbre qui peut-être était bien bon.

La vigne se taille aussi en mars ou en avril ; mais il serait préférable de le faire en décembre. C'est peut-être l'arbre le plus facile à tailler, avec un peu d'attention. On commence par ôter tout le bois mort et le superflu ; on choisit les branches les mieux nourries, et on les taille à deux ou trois yeux au plus. On peut leur donner plus de longueur si elles doivent servir à remplir des vides désagréables à la vue. La taille étant achevée, on laisse la vigne en repos jusqu'en juin. A cette époque il a poussé une grande quantité de branches que l'on doit ébourgeonner ; c'est-à-dire retrancher en partie. Cette opération terminée, on palisse la vigne le long de la muraille en lui donnant la forme d'un éventail.

Voyez comme ces espaliers sont charmants, comme ces chandelles sont bien conduites et bien chargées de fleurs. On est souvent désagréablement frappé en pénétrant dans un verger, de la forme qu'on a laissé prendre aux arbres. Il est difficile alors au plus habile jardinier de les diriger d'une manière régulière; mais lorsqu'on a commencé à planter soi-même les jeunes sujets que l'on a greffés d'avance et soigneusement entretenus pendant leur jeunesse, il est bien aisé d'avoir des arbres qui joignent à l'agrément de la forme celui non moins grand du produit.

Voici une pépinière qui me fournira des remplaçants lorsque l'un ou l'autre de ces arbres sera épuisé par l'âge ou par une maladie imprévue. C'est, comme vous le voyez, un petit carré contenant toutes sortes d'arbres fruitiers à l'état sauvage, on les appelle, pour cette raison des sauvageons ; ils produiraient, si on ne les greffait pas, des fruits amers et astringents.

La terre destinée à faire une pépinière doit être riche et bien labourée et exposée au midi. On y sème les pépins de poires et de pommes au mois de novembre et en lignes serrées, on les recouvre d'un peu de terre et de fumier long pendant l'hiver pour les préserver du froid ; on bine, on sarcle et on arrose souvent au printemps et en été.

Au bout d'un an, on doit émonder les jeunes plantes, c'està-dire en couper les branches trop longues et leur donner un petit labour, que l'on recommence souvent. On n'oubliera pas de retrancher à mesure qu'elles poussent, jusqu'à un pied de hauteur, les branches basses qui croissent sur le tronc; cela dispose les sujets à mieux recevoir la greffe. L'émondage doit se faire en mars. Dès la cinquième année les jeunes sujets peuvent déjà être greffés. Les noyaux de pruniers, pêchers, abricotiers se plantent de la même manière que les pépins et réclament les mêmes soins.

Le poirier peut recevoir la greffe de toute espèce de poire. On l'écussonne à 3 ou 4 pouces de terre si l'on veut en faire un arbre à tige basse ou espalier.

Le coignassier peut recevoir toute espèce de fruit en écusson seulement.

Les fruits à noyaux se greffent sur sauvageons à noyaux, les fruits à pépins sur sauvageons à pépins.

Il y a trois espèces de greffes: la greffe en fente, la greffe en couronne et la greffe en écusson.

Supposons que nous ayons à greffer un abricotier, un poirier, etc., nous prendrons une branche d'un arbre qui produit de bons fruits et nous viendrons la transporter sur l'un de ces sujets sauvages. Mais de quelle manière ferons-nous cette opération? là est la question; nous avons le choix, ce choix doit être bien entendu, car la greffe qui convient à un arbre peut ne pas convenir à un autre; il dépendra de l'intelligence du jardinier de choisir la plus convenable aux sujets à greffer.

La greffe en fente ne convient qu'à des sujets ayant 3 pouces de circonférence à l'endroit où l'on veut insérer la greffe. Elle se fait ordinairement à la fin de février pour les fruits à noyaux et en avril pour ceux à pépins et par un temps sec. Il suffit pour cela d'une scie, d'une serpette, d'un maillet et d'un coin de bois bien dur.

A l'aide de la serpette, que l'on pose en travers près de la moelle, on fend le sujet en frappant légèrement avec le maillet.

La branche à greffer est taillée en biseau ou en coin, à 3 centimètres de longueur et à quelques lignes d'un bouton. Ainsi préparée, on l'introduit dans la fente de manière à ce que le liber ou deuxième écorce et celui du sujet, correspondent parfaitement. On ligature alors fortement avec de la grosse laine, et pour empêcher l'air de pénétrer, on recouvre la blessure avec de la cire ou de la terre glaise que l'on entoure d'un linge.

La greffe en écusson se fait en enlevant sur une branche de l'arbre à greffer, une plaque d'écorce contenant un œil bien venant, puis en faisant sur l'écorce du sujet une incision en forme de T, dans laquelle on introduit l'écorce de la greffe. On recouvre après cela en fermant l'incision et en ligaturant avec de la laine, mais sans serrer.

Cette greffe convient particulièrement aux arbres à noyaux. Elle ne peut se faire que sur des sujets de 2, 3, 4 ans.

La greffe en couronne ressemble beaucoup à la greffe en fente, elle convient aux vieux arbres à fruits à pépins.

Pour la pratiquer, on coupe une branche à 50 centimètres de son insertion et l'on pare la plaie avec la serpette. On prépare la greffe en l'amincissant comme un bec de plume, et on l'introduit dans une incision que l'on a faite verticalement dans l'écorce de la branche du sujet jusqu'à l'aubier, en soulevant les deux lèvres de la plaie. On doit bien avoir soin de faire toucher la face amincie de la greffe à l'aubier du sujet et de faire reposer le cran qui a été fait à la naissance du bec sur le bord de la plaie ; on recouvre avec de la cire à l'endroit de l'insertion. A l'aide de ces simples données et des leçons pratiques que M. Durand voudra bien vous faire dans son propre jardin, vous serez bientôt capables de renouveler vous-mêmes vos arbres fruitiers et d'améliorer les espèces que vous pourriez avoir dans votre jardin.

Il y a bien encore une quatrième espèce de greffe, mais elle n'est pas souvent employée ; c'est la greffe en approche. Cependant lorsqu'on a deux sujets qui se touchent et que le rapprochement est facile, on peut essayer ce moyen.

A l'endroit où les deux branches se touchent, faites à chacune une incision jusqu'à l'aubier, liez-les étroitement de manière à ce que les deux incisions adhèrent parfaitement : cela fait vous n'avez plus qu'à recouvrir avec de la terre glaise ou de la cire, et la reprise aura lieu très-rapidement. Lorsqu'elle sera bien assurée, coupez l'une ou l'autre des deux branches près de leur insertion, parez la plaie, recouvrez-la de terre glaise pour la soustraire à l'inffuence de l'air, laissez partir le sujet, l'opération est terminée.

Il ne me reste plus, mes amis, pour terminer cette leçon, qu'à vous parler de la transplantation des arbres fruitiers.

La première chose à faire c'est de choisir un bon terrain, convenablement, exposé et de préparer, six semaines avant la plantation, des trous ayant 1 mètre carré de surface et 50 centimètres de profondeur. La terre du fond doit être conservée à part. Vos trous étant prêts, et soit que vous achetiez vos arbres chez le pépiniériste, soit que vous les ayez dans votre jardin, arrachez-les avec soin de manière à ce que le chevelu des racines soit bien conservé, habillez-les en coupant horizontalement celles ou parties de celles qui auraient été blessées ou cassées, et rafraichissez le bout des chevelus. Cette opération terminée, posez délicatement vos arbres dans les trous que vous avez préparés, recouvrez les racines avec la terre que vous avez extraite en commençant, et n'enterrez pas à plus de 30 à 35 centimètres de profondeur. Votre trou étant rempli, arrosez abondamment et de temps en temps pour faire adhérer la terre de tous côtés, remettez au pied un peu de bonne terre fine et labourez souvent pour tenir la surface meuble et propre.

Lorsqu'il fait trop chaud et trop sec, recouvrez de fumier

long et pailleux afin d'entretenir au pied une légère moiteur et de fournir aux racines un aliment utile à leur végétation.

Si une racine paraît se développer plus vigoureusement qu'une autre, tournez-la en la plantant du côté du nord, car dans cette direction la végétation est moins forte et l'équilibre se rétablira bientôt.

Il ne faut pas que j'oublie de vous dire que les plantations d'automne sont les meilleures.

Je ne vous ai point parlé encore d'une autre opération que l'on fait subir aux plantes et que l'on nomme *marcotte*. Je vais vous en dire deux mots en terminant.

La marcotte consiste à reproduire une plante nouvelle au moyen de la branche d'une autre plante tout en restant adhérente sur le pied-mère. Les plus usitées sont: 1.° la marcotte simple, qui consiste à enterrer une branche à 4 ou 5 pouces de profondeur en la recourbant. On doit enterrer quelques yeux et en laisser plusieurs en dehors, à fleur de terre, les autres seront retranchés. Il est bon d'arroser de temps en temps et d'ôter les feuilles qui garnissent la marcotte. Dès que l'on s'aperçoit que la branche est enracinée, on la coupe en conservant quelques yeux, selon que l'on veut obtenir un arbre à tige basse ou élevée.

2.° La marcotte par torsion qui se fait en tordant la branche à la hauteur où l'on veut qu'elle reprenne racine et en l'enterrant à cet endroit au moyen d'un pot percé qui permette de recevoir la branche, que l'on emplit de terre et que l'on maintient au niveau de la branche à greffer.

La marcotte convient surtout à la vigne, au groseiller, au coignassier, au pommier doucin et paradis, au figuier. Elle doit se faire en automne ou au printemps.

Telles sont, mes amis, les explications générales que j'ai cru utile de vous donner pour le moment. Si M. Durand juge convenable de vous pousser plus loin, il pourra l'entreprendre avec succès, ayant dans son jardin tous les éléments désirables pour vous faire un cours pratique aussi complet que possible.

Je n'ai pas encore tout passé en revue dans le jardin, j'ai laissé de côté les plantes d'agrément pour vous entretenir des plantes utiles. Je ne vous laisserai pas partir avant de vous avoir montré mes fleurs et de vous avoir fait connaître leur culture.

La culture des fleurs offre une foule d'agréments ; elle charme les instants de loisir et réjouit le cœur. Il est bon que l'esprit ne soit pas toujours tendu par des affaires sérieuses, le travail qu'elles réclament n'est pas une fatigue, c'est un délassement. On le fait volontiers, on aime à les voir croître et s'épanouir, on suit avec joie leur développement, on est heureux, ravi, émerveillé devant chacune d'elles, comme Bernardin de Saint Pierre devant une feuille de fraisier.

CHAPITRE XL.

DES FLEURS.

Je vais vous faire passer en revue, mes chers amis, chacune des fleurs qui se trouvent dans mon jardin en vous indiquant la manière de les reproduire ainsi que les époques où on les sème et où elles s'épanouissent. Si quelque jour il vous prenait envie de les cultiver, si vous preniez goût à cette attachante culture, vous pourriez faire un bon choix des fleurs les plus simples, comme des plus riches, qui conviennent le mieux à nos climats ; je me ferai un véritable plaisir de vous procurer les boutures et les semences.

La fleur que vous admirez dans cette bordure, c'est la

CORBEILLE D'OR, ses corolles s'épanouissent dès les premiers jours de printemps et durent une grande partie de l'été. Quel éclat ! quelle quantité de fleurs jaunes ! Semez-la un peu avant le printemps ou faites-en des boutures, vous serez sûrs d'en obtenir à profusion.

Là, c'est le GANT-DE-NOTRE-DAME, ou mieux l'ANCOLIE. Ses fleurs bleues sont simples mais jolies. La graine se sème au printemps, on peut aussi la reproduire par éclats. Elle réussit bien dans les lieux ombragés.

Toutes ces fleurs de couleurs variées sont des ANÉMONES. Voyez comme ces riches couleurs égaient et charment les yeux. La graine se sème sur de bon terreau, vous pourrez aussi l'obtenir en la repiquant par éclats que vous aurez préalablement fait sécher dans un endroit aéré.

L'ASTER porte des fleurs rouges, blanches, bleues, violettes ou panachées, les uns fleurissent en août, les autres en septembre, octobre, novembre et même en décembre. Semez-le sur couche en mars ou en avril et repiquez-le dès qu'il aura 4 feuilles, il vous fournira ses fleurs lorsque presque toutes les autres auront disparu.

Passons d'un autre côté et regardons cette plate-bande de CHRYSANTHÈMES, appelées aussi REINE-MARGUERITE. Parmi ses variétés on remarque la blanche, la rouge, la violette, la jaune, l'orangée, la pourpre, la noire, elles se conservent jusqu'en décembre, sont vivaces, se cultivent en pleine terre et se multiplient par semis ou boutures.

Les CHRYSANTHÈMES DES INDES, ressemblent aux précédentes, mais elles sont beaucoup plus petites.

La COURONNE IMPÉRIALE est remarquable par ses grandes fleurs réunies au sommet de la tige et couronnées par un bouquet de feuilles. Elle se multiplie par ses caïeux. On peut aussi la semer en automne ; elle lève alors au printemps et fleurit la troisième année. Avec les caïeux au bout de deux ans elle donne ses fleurs. Elle réclame peu de soins.

Regardez donc ces BASALMINES, quelles belles fleurs variées! En voici des rouges, des roses, des violettes, des blanches, que sais-je! Elles veulent un terrain meuble et léger. On les sème sur couche au printemps et on les repique en pépinière, puis à demeure lorsque les boutons vont s'ouvrir. C'est un des plus beaux ornements des parterres.

L'HORTENSIA est une des plantes d'ornement les plus recherchées. Elle s'élève de 6 à 10 décimètres de hauteur et porte des fleurs roses ou bleues formant d'élégants corymbes. Elle se reproduit par bouture, marcottes ou rejetons et fleurit l'année même. Les fleurs durent deux ou trois mois. On peut laisser l'HORTENSIA en pleine terre pendant l'hiver si on a la précaution d'en couvrir parfaitement le pied.

Un regard pour les BELLES-DE-JOUR et les BELLES-DE-NUIT, s'il vous plaît, ne passez pas sans jeter un coup d'œil sur ces jolies fleurs blanches, tricolores, rouges, jaunes, etc.

La BELLE-DE-NUIT n'étale ses fleurs que la nuit ou lorsqu'il n'y a pas de soleil. Toutes deux se sèment en pleine terre au printemps et servent à décorer les parterres.

Ces grappes de fleurs bleues, blanches, bleu-clair, bleu-noir, pourpres, rouges, couleur de feu sont des JACINTHES. Est-il rien de plus beau, de plus riche, de plus suave. Malheureusement on ne peut les obtenir facilement, il faut les cultiver avec précaution, et comme elles craignent beaucoup la sécheresse on doit les arroser fréquemment. Au mois de septembre ou d'octobre on plante les oignons dans de la terre préparée avec du tan, de la bouse de vache et de la terre de bruyère.

Ces CAMPANULES GANTELÉES ne sont pas à dédaigner, j'aime assez cette fleur d'un bleu violet. Semez-la aussitôt que la graine sera mûre elle poussera facilement.

La CAPUCINE que vous connaissez tous se sème en pleine terre après les gelées.

Ces fleurs d'un jaune doré éclatant s'épanouissent en juin et se multiplient par boutures et par semis dans une terre légère ; ce sont les IMMORTELLES.

Inclinons-nous devant le DAHLIA. Dire ce que chacune de ces variétés a coûté de sueurs et d'argent à certains amateurs, ce serait chose impossible. Pour eux cette culture était une véritable passion, et l'on en a vu se ruiner pour se procurer des tubercules rares. Pour nous, nous nous contenterons de les admirer sans faire de pareilles folies.

Le DAHLIA se multiplie au moyen de ses tubercules que l'on enterre dans un sol riche et profond et que l'on arrose fréquemment en été. Les fleurs commencent à s'épanouir à la fin de juillet.

Parmi cette nombreuse quantité de couleurs, je vous citerai particulièrement :

L'ADMIRABLE BAUDUIN, cramoisi avec un pointillé blanc ;

Le COMTE DE CUSSY, orange clair et or ;

CORONATION, écarlate ;

ÉTOILE DE MEAUX, écarlate bordé de blanc.

M.r DE LA FONTAINE, bordé de rose vif. Le mois prochain vous pourrez venir admirer ce parterre.

Le LIS BLANC a un parfum agréable, mais il a le désagrément d'être trop pénétrant et de porter à la tête. Le LIS ENSANGLANTÉ est blanc, marqué de lignes rouges ; l'un et l'autre se multiplient par leurs caïeux que l'on sépare tous les quatre ans et se cultivent en pleine terre.

La DIGITALE POURPRÉE est bisannuelle ; elle s'élève à 5 ou 9 décimètres. Sa feuille est grande, tigrée, pointée de rouge et entourée d'un cercle blanchâtre. Ses fleurs sont d'un beau pourpre, quelquefois roses ou blanches, et forment un bel épi. Elle se sème en avril pour la beauté et l'éclat de ses fleurs magnifiques. Elle est aussi employée en médecine pour les maladies de cœur. C'est un poison violent.

Voilà une fleur qui porte bien son nom, car elle a exactement la forme de la *croix de Malte* dont elle est l'emblême. Ses fleurs, d'un beau rouge de minium, forment une cime serrée très-jolie. Elle se multiplie de graines, d'éclats ou de boutures que l'on plante au mois d'avril.

Le MUGUET se multiplie très-facilement en coupant de fortes racines et en les enterrant dans un endroit ombragé. Son odeur fraîche est agréable. Sa petite fleur, d'un blanc pur, est délicieuse. On se sert de ses feuilles dans nos campagnes pour embaumer le linge et les habillements, il suffit pour cela de les faire sécher et de les mettre dans la garde-robe pendant un certain temps.

Voici le MYOSOTIS, la fleur du souvenir, pouvez-vous trouver une plus délicate et plus adorable petite fleur? Cette nuance, d'un bleu d'azur, ne vous fait-elle pas penser aux cieux. On peut la reproduire par boutures, par graines ou par éclats. Elle fleurit en avril jusqu'à la fin de l'été.

Voici la reine des fleurs, car à la beauté de ses corolles elle joint le plus agréable parfum. Ma collection est assez complète n'est-ce pas, mes amis; mais aussi elle m'a demandé bien des soins, du travail et de la patience.

Le ROSIER s'obtient par semis, boutures ou éclats. Par le semis on obtient des variétés nouvelles, mais il faut beaucoup de temps pour que le rosier semé porte des fleurs. Il est préférable de faire des boutures. Le rosier se greffe sur des églantiers ou rosiers sauvages. On obtient par ce moyen des variétés nouvelles et de plus des pieds de rosiers magnifiques, car si l'églantier a été bien dirigé comme ceux-ci, la tige est droite et la tête seule porte des feuilles et des fleurs. La greffe qui lui convient c'est la greffe en écusson à œil poussant, au mois de juin et à œil dormant en septembre.

Le narcisse se multiplie par ses caïeux que l'on plante dans une terre légère ; sa fleur jaune a un parfum délicat. Elle s'épanouit dans les premiers jours de printemps et dure un mois. Elle se reproduit en plantant les caïeux au mois de Mars.

Une fleur qui est très-estimée pour son parfum exquis et la beauté de sa corolle, c'est l'œillet. Il y en a des blancs, des roses, des rouges, etc. On le cultive en plates-bandes, en corbeilles, en pots. Il veut une terre bien ameublie et des arrosements fréquents. On se le procure par semis, marcotte ou bouture.

Admirons ce parterre de pensées, une aussi jolie fleur mérite bien un de nos regards. En voici un échantillon sous vos yeux qui pourra vous donner l'idée de la nombreuse variété de pensées qui existent. Il y a plus de dix ans que je travaille à cette collection, et je vous assure qu'elle est loin d'être complète. Vous vous les procurerez en semant en avril ou en faisant des rejetons.

La Violette qui se cache dans l'herbe des bois a un parfum si délicieux qu'il aide à la découvrir malgré le soin modeste qu'elle apporte à se cacher à nos yeux. On peut la cultiver dans les jardins, de la même manière que les pensées, elle ne demande aucun soin.

Le Perce-Neige, aux fleurs blanches et penchées fait un effet charmant dans les massifs, au pied des arbres et dans le gazon. Il se multiplie par ses caïeux en août et septembre et fleurit pendant l'hiver.

Voici des Pervenches-Roses dites de Madagascar ; elles s'épanouiront dans une quinzaine de jours. C'est encore au moyen des graines et des rejetons que je les obtiens.

Passerons-nous sans nous arrêter devant ces Pieds-d'alouette. Voyez donc quelle magnifique bordure ils forment. Semés en pleine terre au printemps, ils vous fourniront, si vous les arrosez fréquemment, les jolies fleurs que vous voyez là. Une particularité que je dois vous faire connaître, c'est que la fleur qui d'abord est bleue passe ensuite au violet, au rose et au rose blanc.

Les Pivoines épanouissent leurs fleurs au printemps. Elles se multiplient par éclats et se cultivent en pleine terre. Voici les trois variétés que l'on a pu obtenir jusqu'à ce jour. Ce sont la rouge, la blanche et la rose.

Je ne sais si votre goût correspond au mien, mais j'ai la plus grande sympathie pour ces gros pompons, souvenir de jeunesse sans doute, car j'aimais étant enfant à les effeuiller les jours où la procession du Très-Saint-Sacrement traversait les rues jonchées de verdure.

Les Paquerettes fleurissent dans les premiers jours de printemps et continuent ainsi pendant toute l'année. Elles forment des touffes et des bordures d'un effet ravissant. Elles se multiplient par séparation de leurs pieds que l'on doit rompre tous les deux ans.

Il y a plusieurs espèces de Primevères ; les grandes fleurs, les petites fleurs, les oreilles d'ours, etc. ; elles s'épanouissent plus tard encore que les paquerettes et se cultivent de la même manière et dans une terre légère en ayant soin de les couvrir en hiver.

Les Renoncules s'obtiennent par les griffes que l'on sépare du pied et que l'on enterre dans un lieu chaud. Elles donnent des fleurs de couleurs diverses dont l'aspect est des plus propres à charmer nos yeux.

Vous connaissez le Réséda, en voici un pied magnifique. Son parfum est fort délicat. Semez sa graine en avril, vous le verrez pousser rapidement et vous serez certains d'en avoir tous les ans à la même place.

Le Romarin est très-odorant ; il porte des fleurs blanches ou d'un bleu violacé et se multiplie de boutures et d'éclats. On doit avoir soin de le rentrer en hiver.

Au mois de juillet et au printemps, semez la Rose-Trémière dans une terre substantielle et au midi ; vous obtiendrez en peu de temps de longues tiges toutes garnies de fleurs de couleurs variées. La rose-trémière dure trois ans en pleine terre ; elle demande seulement à être recouverte de fumier en hiver, car les gelées pourraient la faire périr.

Les Scabieuses se sèment au printemps et se succèdent pendant tout l'été. Les fleurs sont charmantes et de couleurs variées. Parmi elles je citerai la scabieuse bleue, la brune et la pourpre qui font beaucoup d'effet dans les parterres.

Cette fleur, d'un jaune orangé, s'appelle le Souci. La graine se sème aussitôt mûre, au printemps, dans un lieu exposé à l'ombre, elle n'est pas délicate et vient très-facilement. On doit cependant prendre la précaution de la recouvrir pendant l'hiver.

La fleur que je préfère à toutes celles que je vous ai fait voir jusqu'à présent, c'est la Tulipe. Nulle part vous ne rencontrerez réunies sur une même corolle tant de couleurs éclatantes. Vous verrez bien, comme dans le Dahlia, quelques teintes, dans les chrysanthèmes, les roses-trémières, les scabieuses, etc., vous pourriez en admirer d'autres, mais sur aucune vous ne trouverez réunis les trésors de peinture que Dieu a répandus sur la tulipe. Oh ! quel éclat qui me charme ! quel aspect qui m'enchante ! Souvent, je viens passer ici des heures entières et je ne quitte qu'à regret mes tulipes chéries, lorsque l'heure des repas où des besoins quelconques me rappellent à la ferme.

La tulipe se reproduit par ses caïeux.

Après avoir contemplé une fleur si belle, toutes les autres vous paraîtraient fades et sans éclat, je vais finir ; je suis arrivé au but auquel tendaient tous mes efforts et je n'ai, je dois le dire à votre louange, qu'à me féliciter de l'heureuse inspiration que j'ai eue en entrepenant votre instruction agricole.

Est-elle terminée ? Oh ! non, je n'ose le dire. Je vous ai conduits pas à pas à la connaissance de la terre et des plantes; vous les avez vues toutes, du moins celles que je cultive; vous connaissez leur histoire, le secret de leur végétation, leur culture, leurs usages divers ; vous n'êtes pas encore arrivés à cette science qui ne s'acquiert que par l'âge, l'étude et le travail, mais vous avez fait un grand pas et vous marchez à pleines voiles dans cette direction. J'ose vous le promettre, vous serez un jour d'intelligents cultivateurs; vous ferez tous votre chemin, car à la vertu et à la bonne conduite vous joindrez des connaissances solides et le goût de l'étude. Vous avez un avantage que vos pères n'ont pas eu. Ce qu'ils savent la routine seule le leur a appris. Je ne puis appeler autrement cette connaissance empirique, l'expérience est éclairée par le raisonnement, et ils ne pouvaient raisonner ce dont ils n'avaient aucune idée. Vous, mieux partagés, vous avez les premiers éléments, les premières notions de la culture, il vous manque maintenant l'application, la pratique.

Votre jeune âge ne vous permet pas encore de mettre à profit votre petite science. Qu'allez-vous faire d'ici le jour où vos parents, fatigués par le poids des ans, se déchargeront entre vos mains du soin de ces terres qui leur ont coûté tant de sueurs et qu'ils vous lègueront un jour?

Fermerez-vous vos livres? Ne jetterez-vous plus de temps en temps les yeux sur ces guides sûrs où vous avez puisé tant de saines idées, tant de connaissances utiles ? Ne reviendrez-vous plus revoir ces champs, témoins de vos premières leçons? Direz-vous adieu pour toujours à cette ferme où vous êtes entrés tant de fois ? Ne viendrez-vous plus converser avec votre vieux professeur?... Ah ! chers enfants, vous sur qui se fondent l'espoir et l'avenir de ce joli village, voudrez-vous tromper mon attente? Ne fuirez-vous pas un jour, emportés par le courant des idées modernes, vers ces fières cités où se cachent tant de misères, sépulcre revêtu d'or, et de riches ornements, où vont s'abîmer tant d'espérances brillantes, route de perdition parsemée de fraîches roses qui se fanent aussitôt sous vos pas.

Restez ici, avec moi, restez avec ce bon M. Durand, soyes nos bâtons de vieillesse et qu'un jour nous puissions dire avec fierté : Voilà nos enfants, voilà la génération que nos soins ont formée. Venez, habitants des villes, et vous tous, ouvriers des fabriques, venez voir Rémigny et dites-nous si au sein de votre cité vous trouvez tant de bonheur, tant d'innocence, tant de vertu!

M. Dumont avait la voix émue en prononçant ces dernières paroles. Nos jeunes amis écoutaient avec respect ce vieillard aux cheveux blancs, encore ferme quoiqu'un peu courbé par l'âge, et tous, électrisés par sa parole sympathique, lui promirent de rester toujours fidèles à ses leçons, et de demeurer au village que ses soins avaient régénéré.

Après cela on entra à la ferme où M. Dumont avait fait préparer une petite collation, et je renonce à dire la joie qui assaisonna les mets de ce modeste repas.

Fin du Cours d'Horticulture.

TABLE.

Rapport sur les ouvrages d'agriculture susceptibles d'être mis entre les mains des enfants des écoles.	3
Approbation de M. l'Inspecteur d'académie.	5
Errata.	6
CHAPITRE I. Le village de Rémigny. — L'ouvrier des champs est plus heureux que l'ouvrier des villes.	8
CHAPITRE II. Des engrais.	18
CHAPITRE III. Des engrais (Suite). — Engrais flamand, gadoue, courte-graisse.	25
CHAPITRE IV. Engrais (Suite). — Engrais animaux, guano, colombine.	28
CHAPITRE V. Engrais végétaux.	31
CHAPITRE VI. Engrais verts.	33
CHAPITRE VII. Engrais végéto-animaux.	34
CHAPITRE VIII. Engrais (Suite). — Fumier de bêtes à cornes.	37
CHAPITRE IX. Chiffons.	38
CHAPITRE X. Amendements.	40
CHAPITRE XI. Analyse des terres.	48
CHAPITRE XII. Histoire naturelle des plantes. — L'air, la chaleur, la lumière, l'eau, l'humidité, etc.	54
CHAPITRE XIII. Des plantes fourragères.	59
CHAPITRE XIV. Prairies naturelles.	65
CHAPITRE XV. La Fenaison.	68
CHAPITRE XVI. Culture des plantes oléagineuses et textiles. Le colza.	73
CHAPITRE XVII. Usages des plantes textiles et oléagineuses. Le lin, le chanvre, le colza, l'œillette, la cameline, la navette.	87
CHAPITRE XVIII. Culture des céréales. — Le blé.	91

CHAPITRE XIX.	Maladies du blé.	94
CHAPITRE XX.	Culture du seigle.	96
CHAPITRE XXI.	Culture du scourgeon.	97
CHAPITRE XXII.	Culture de l'avoine.	99
CHAPITRE XXIII.	Usages et utilité des céréales, leur emploi dans l'alimentation et l'industrie.	102
CHAPITRE XXIV.	Culture des plantes sarclées. La betterave	105
CHAPITRE XXV	Culture du rutabaga.	109
CHAPITRE XXVI.	Culture de la carotte.	110
CHAPITRE XXVII.	Culture des pommes de terre.	112
CHAPITRE XXVIII.	Culture des navets	115
CHAPITRE XXIX.	Usage des plantes sarclées.	117
CHAPITRE XXX.	Culture des légumineux ou des farineux. — Les fèves ; les féveroles.	121
CHAPITRE XXXI.	Le houblon et le tabac.	130
CHAPITRE XXXII.	La moisson.	135
CHAPITRE XXXIII.	Visite des bâtiments de l'exploitation, les écuries, les étables, les instruments de culture, soins à donner aux bêtes.	141
CHAPITRE XXXIV.	Maladies des animaux.	150
CHAPITRE XXXV.	Suite de la visite des bâtiments. — La porcherie, le poulailler, le colombier, les granges, etc. — Engraissement du bétail.	155
CHAPITRE XXXVI.	Le poulailler, le colombier.	159
CHAPITRE XXXVII.	Description du jardin. — Plantes de plates-bandes, fraisiers, ciboules, ails, échalottes, oignons, oseille, etc.	168
CHAPITRE XXXVIII.	Culture des navets, des choux, de l'asperge, de l'artichaut, du salsifis, de la scorsonère, de la chicorée, du céleri, etc.	187
CHAPITRE XXXIX.	Culture des arbres fruitiers.	205
CHAPITRE XL.	Des fleurs.	212

Fin de la Table.

www.ingramcontent.com/pod-product-compliance
Lightning Source LLC
Chambersburg PA
CBHW051921160426
43198CB00012B/1982